SIETE VIDAS

NIEVES ÁLVAREZ

Primera edición en NewCastle Ediciones,
Octubre 2024

© del texto Nieves Álvarez
© de las fotografías Miguel Ángel García

ISBN: 978-84-126263-3-9
Depósito legal: MU 1078-2024

Diseño y portada: Cristina Morano
Maquetación: María Cerón Madrigal

Impresión: Estugraf
Edita: Newcastle Ediciones
C/ San Nicolás 25, 3ºD
30153 Corvera (Murcia)
newcastleediciones@yahoo.com
www.newcastle-ediciones.tumblr.com

Índice

ANDREA

LA GATITA PRESUMIDA. SU LLEGADA

Ella llegó como cantan los pájaros en los árboles más altos del jardín, practicando piruetas y brincando alegre de mueble en mueble. Subir, bajar, arañar, dominarnos. Observarla de cerca fue todo un espectáculo. Me sorprendió su agilidad, ver cómo alargaba el cuerpo para saltar y colonizar los lugares más altos de la casa, posando suavemente sus patitas al aterrizar.

Miguel y yo comprendimos de inmediato que aquella gatita presumida no era nuestra, nosotros seríamos suyos. Nos miraba con ojos grandes, abiertos, sorprendida, sin duda, de nuestro tamaño.

Unos gatos enormes –pensaría–.
Un poco tontos y mirones –seguiría pensando–.

Recorría la casa con verdadera pasión para verlo todo, tocarlo todo, marcarlo todo. Cuando nos sentamos, me eligió a mí. Se colocó en mi regazo y se acurrucó. La emoción me dejó paralizada. Durmió como un bebé y soñó mientras yo la miraba. Temblaba y mascullaba algo ininteligible. ¿Qué mágicas aventuras estaría viviendo? ¿Formaríamos parte de sus sueños o de sus pesadillas?

Cuando despertó me miró a los ojos, los cerró y los abrió varias veces. La imité. Se acercó y frotó su frente contra la mía y luego me recorrió entera olisqueándome como si quisiera percibir mi aroma y dejar el suyo por todo mi cuerpo.

Sería imposible describir lo que sentí. Verla actuar por la casa era todo un poema, una especie de danza, a veces lenta y otras tan rápida como el viento.

Admiré su habilidad, ligereza y capacidad para duplicar el largo de su cuerpo en los saltos; el movimiento acompasado de nariz y bigotes; la pericia exquisita para calcular si era posible pasar por un agujero, trepar a un lugar alto... Y, sobre todo, la forma de aterrizar en las bajadas.

Normalmente, antes de ejecutar cualquier acción parecía reflexionar. Miraba su objeto de deseo, se agachaba, se erguía y movía la cabeza de un lado a otro calculando un salto o buscando la mejor estrategia para cada momento.

Una vez tuve que estar en cama varios días. Ella me acompañó todo el tiempo. No quería comer, beber, ni ir al terrario. Solo iba si la acompañaba yo. Tuvimos que colocar todas sus cosas en mi habitación.

A Andrea no le gustaba que hablase alto y menos

aún que gritase. Si lo hacía, ella me intentaba tapar la boca con sus patitas delanteras y me hablaba a maullidos suaves, reflexiva y preguntona:

¿Por qué gritará esta gata grandota, si lo tiene todo? Yo te quiero mucho y mucho más aún. ¡Cállate anda, cállate!

Me callaba y sonreía. Ella me traía algún regalo variopinto: un pañuelo mío que me gustaba especialmente, esa goma de colección, mordisqueada, que estuve buscando varios días y ella escondió (vaya usted a saber dónde); la mariposita de tela que hice para alguna presentación de mi último libro, que incluía un mecanismo sencillo e ingenioso tal que, si la metías en un libro, al abrirlo, la mariposita salía volando.

A veces, solíamos decir que a Andrea solo le faltaba hablar, pero estábamos en un error, ella hablaba, alto y fuerte: desde el primer momento nos supo trasmitir lo que quería de nosotros, lo que esperaba de nosotros, lo mucho que agradecía que la quisiéramos. Y, por supuesto, sus demostraciones de cariño no podían ser más evidentes.

Andrea era una gata siamesa. Cuando llegó a casa tenía el pelo corto, fino y pegado al cuerpo. A medida que crecía, su pelo fue oscureciendo.

Sus ojos de color azul intenso, se colaron en mi corazón sin pedir permiso. Ella no necesitó nunca pedir permiso: era la líder de nuestra manada.

CONOCERLA

¿Quién ha dicho que los seres humanos somos mejores que esta gatita preciosa, cariñosa a veces, arisca otras y siempre decidida? Fue para nosotros un ser vivo hermoso, que llenó nuestras vidas de alegría.

Desde el minuto uno me sorprendí a mí misma intentando dialogar con ella. Mi voz sonaba rara. Comencé a hablar de otra manera, colocaba la boca de una forma tan rara que no parecía yo. Estaba loca o tenía un bebé a mi pecho. Y, claro, esa era la verdad, en nuestra casa había entrado una bebita recién nacida. Miguel y yo, éramos sus papis.

Mi niña bonita. ¡Yo es que te como, te voy a comer! Bonita, pero qué bonita eres. Chiquitina, pequeñaja. Mira lo que hace, mira, mira, mira -Pronunciaba sin rubor bobadas de este calibre-.

Nunca había dicho y hecho tantas tonterías juntas, con esa voz aguda, infantil. Comencé a hacer cuchufletas, arrumacos, carantoñas, zalamerías varias. Me parecían extraordinarias todas sus cosas.

Mira, mira lo que hace, mira si parece que sonríe. Mira, ¡ha hecho caquita! Mira está haciendo pis. ¿Te das cuenta de que para hacer pis se pega a la arena y para hacer caquita levanta el culito? -Estas eran algunas de las lindezas que le contaba a todo el mundo-.

Hablar con diminutivos comenzó a ser normal en mi vocabulario. Me pasaba el día contándole a compañeros de trabajo, amigos y conocidos, las maravillas que hacía y decía mi gatita querida.

Y dice míauuu. O dice miiiauuu. A veces también dice miaaaau. Y otras dice miiaauuiii. Es tan hermoso observar cómo salta, cómo corre, cómo alarga su cuerpo en cada salto, cómo...
Y... ¿No es también hermoso ver cómo rompe las cortinas o el sofá, desparrama la arena, limpia sus cacas...? – Me preguntaban algunos-.
Eso no tiene ninguna importancia. Hace tiempo que quería quitar las cortinas, eran un incordio. Y lo del sofá, es lógico. Hemos investigado y, al parecer, cuando hay gatos en casa, lo mejor es instalar un tresillo de cuero. Lo vamos a comprar. - Eran mis justificaciones-.

Nada nos parecía suficiente para conseguir que Andrea se sintiese bien en nuestra casa, en su casa. Nos volvimos locos con ella. Sobre todo, yo. Creo que solo me ha pasado algo parecido cuando nació mi nieta y, durante más de un año, fui a cuidarla todas las tardes, y jugaba con ella a los más variados juegos. Me volví absolutamente chocha, lela de puro cariño.

Convivir con Andrea me convirtió en amiga incondicional de los animales. Todos y cada uno de ellos me recordaban a mi gatita del alma.

Llevaba en la cartera una foto suya, y la miraba varias veces al día, sobre todo cuando estaba de viaje. ¿Quién puede explicar esta conversión? ¿Qué rayo me impactó y me hizo caer del caballo? ¿Dónde guarda la magia mi brujita querida? Un día soñé que las dos surcábamos el cielo a lomos de una escoba.

Si me encontraba con alguna gatita siamesa, sentía una alegría muy grande, sobre todo si se acercaba a mí. En alguna ocasión intenté acariciar a una, se dejó, pero la sensación no fue muy agradable: el pelo de Andrea era limpio y suave, el de esa gatita no tenía brillo, era tosco, con pelotillas. Incluso, la pobre gatita tenía algunas pequeñas heridas.

Conocer a Andrea, vivirla, abrazarla, besarla, amarla... dio la vuelta a mi mundo y me obligó a verlo todo desde otros puntos de vista. ¿Era ella una suertuda por estar con nosotros o los suertudos éramos nosotros porque quisiera estar a nuestro lado? Nunca supe qué estaría pensando al respecto. Para mí cada vez estaba más claro.

SUS HÁBITOS

¿Cuánto vale la felicidad? No creo que sea posible ponerle un precio. Andrea fue un regalo de Matilde Polanco (Matil, la secretaria de Miguel). Llegó a nuestra casa en su cumpleaños. Él solía hablar de una gatita que tuvo cuando era muy pequeño.

Yo, como niña de pueblo, conocía a los gatos de otra manera. Los veía correr por calles y plazas, esconderse cuando algún chiquillo les perseguía, o gritar si les alcanzaba alguna pedrada.

Mi padre los quitaba la ruina, que tenían en el rabo y les impedía crecer. A veces, venía a nuestra casa algún vecino con su gato, y le decía a mi padre:

Mira a ver qué puedes hacer con este gato que ni crece ni abollece. Así no hay forma de que cace ratones.

Él tiraba de un minúsculo botoncito que suelen tener al final de la cola y sacaba un hilillo. Nunca supe si el gato comenzaba a crecer tras esa curiosa operación.

Los hábitos de Andrea me resultaban sorprendentes: saltar, correr, pararse de repente, arrastrarse por el suelo... Si le tirábamos una bola de papel, actuaba como un perro, nos la traía y esperaba para que se la volviésemos a tirar. Si no la hacíamos caso, nos daba toquecitos para que la prestásemos atención.

Arañaba todo lo que encontraba a su paso. Le compramos un rascador y no lo utilizó nunca. Era más divertido arañar el resto de enseres de la casa.

Tuvimos que olvidarnos de cortinas, sofás de tela, figuritas colocadas en los lugares estratégicos por los que ella solía pasear...

Y no es que fuera torpe, de eso nada, todo lo contrario: era capaz de pasearse por nuestras mesas de trabajo sin tirar nada. Si tiraba algo era con alguna intención concreta: ¿nos desafiaba? Le gustaba colocarse delante del teclado del ordenador, pasando por encima. No tocaba ni una sola tecla.

No obstante, sus uñas afiladas decoraron todos los elementos de nuestro confortable hogar, incluyendo rasguños, zarpazos, hilos sueltos... Incluso, un mal día, cuando llegamos a casa, el suelo del salón apareció cubierto por el relleno blanco de un par de cojines. Me recordó el juego favorito de mi nieta: cortábamos papel higiénico en trocitos, lo tirábamos por alto y parecía que nevaba. Cada tarde, recogíamos la nevada en una bolsa y así la podíamos utilizar al día siguiente. Fue más penoso meter de nuevo el rellano en los cojines. No podíamos hacer otra cosa. Bueno sí, mientras lo hacíamos, hablaba con ella intentando inútilmente que comprendiera que eso no estaba bien. Ella me mirada como diciendo:

Esta gata grande no sabe lo divertido que es este juego. No comprendo por qué se enfada...

Cuando pasábamos varios días fuera de casa, nos recibía hablando sin parar, enfadada, echándonos una buena bronca. Nosotros, sin duda, éramos culpables por haberla dejado sola tanto tiempo.

Fueron muchas y variadas las aventuras que vivimos con ella. Por aquel tiempo, yo viajaba mucho. Ella preguntaba por mí de diferentes formas: buscaba una camisa mía, unos calcetines, algo que tuviese mi olor, y se lo llevaba a Miguel, le tocaba la pierna y le interrogaba con la mirada. Otras veces le llevaba mi esponja, incluso mis braguitas o mi sujetador. No sabíamos cómo se las arreglaba para sacarlas de los cajones de la cómoda.

Por las noches, venía conmigo a la cama. Se metía dentro, usaba mi brazo como almohada y ronroneaba muy fuerte, hasta quedarse dormida. Luego, tras media hora, más o menos, cuando sentía que Miguel estaba llegando al dormitorio, se escurría de mi cama para ir a dormir a la suya: el bidé del baño de abajo, acondicionado al efecto. Era su habitación, donde tenía también su comida, el agua y el arenero...

En ocasiones, cuando yo estaba cerca, se subía al lavabo para beber agua corriente de mi mano.

INTELIGENCIA NATURAL

Lo pensábamos nosotros y quienes nos visitaban que solían decir:

Es una gatita muy lista. Tiene ojos de inteligente. Solo le falta hablar.

Habla, -respondía yo- solo hay que saber comprender lo que dice. No conocemos su idioma, pero hablar, habla.

Todo el mundo se enamoraba de esa gatita cariñosa, dulce, curiosa. Bueno, todos no. La persona que nos ayudaba en casa comenzó a esconderse de ella. Andrea la esperaba a la puerta y no la dejaba entrar, la bufaba e intentaba atacarla. Para mí resultaba incomprensible. Intentando buscar una explicación, descubrí que un día, ella le había dado un escobazo y la echó de la habitación mientras hacía la cama. ¿Recordaría Andrea ese episodio como algo imperdonable?

Cada día recorría la casa y era capaz de detectar si había algo nuevo. En el salón, al entrar, se dirigía siempre a cualquier cosa que hubiese cambiado de lugar. Cuando lo encontraba me miraba como si quisiera saber los motivos del cambio.

Maaaaaaaa maaaaaaa -solía decir mirándome fijamente-.

Yo pensaba: ¿me estará llamando mamá? Tal vez solo pretendía imitar a nuestro hijo, que me llamaba así cada vez que venía a casa. Eran imaginaciones mías, seguro. Cómo va a decir mamá una gata...

Claro que el veterinario afirmaba que nunca había conocido a una gata tan inteligente como la nuestra. ¿Se lo diría a todos sus clientes? Seguro que sí, pero nosotros sabíamos que en nuestro caso era verdad. Andrea fue una gatita muy inteligente. Lo pudimos comprobar a lo largo de los años.

Cuando nació nuestra nieta, comenzó a ponerse celosa. Cada vez que María venía a casa, Andrea se escondía. No le gustaba verme acariciarla, ponerla en mi regazo, hablar con ella. En una ocasión se escondió tanto que pasamos varias horas buscándola. Cuando la encontramos estaba rara, triste, rehusaba nuestras caricias, no quería comer, no la vimos ir a su arenero. Cerraba los ojos y se dejaba caer al suelo.

Nos asustó tanto que fuimos al veterinario. Él confirmó que todo lo que le pasaba eran celos. Nos dijo que, en situaciones como estas, algunos gatos, intentan suicidarse. ¡Increíble! Nos contó que un gato de unos clientes se había suicidado tragándose las agujas de bordar del ama de su casa. Y todo porque habían tenido un hijo y su cariño se lo dedicaban a él.

Tras la experiencia comenzamos a poner en práctica un plan para incluir a Andrea en las caricias y arrumacos que dábamos a María. Poco a poco fue dando resultado. Pudimos integrarla y ya no se escondía si nuestra nieta venía a visitarnos. Aunque, no podemos negar, que era más feliz cuando estaba sola con nosotros.

Todos los días, poco antes de que yo llegara a casa, estuviese donde estuviese, se plantaba ante la puerta de entrada. Era muy pesada y ella aprendió a abrirla si solo la teníamos cerrada con el resbalón. Me esperaba en el mini porche de la entrada, erguida, puesta de pie.

Verla me producía tanto placer que desaparecía el cansancio y los posibles malos rollos del trabajo. Dicen que los gatos pueden escuchar las pisadas de sus seres queridos.

Solo quienes aman a los gatos, sean hembras o machos, de una o de otra raza, sabrán comprenderme. Tener a mi gatita en casa, esperándome, deseando sentarse a mi lado para ronronearme y solicitar mi cariño, me producía sensaciones únicas, nunca antes experimentadas.

Dicen que hay más de setenta razas de felinos. Todas son diferentes y lo es cada ejemplar dentro de una misma raza. Les pasa como a los seres humanos: solo nos parecemos en el blanco de los ojos, en el resto... nada de nada. Solo hay algo que nos hermana: la necesidad de cariño; dar y recibir amor. La inteligencia debe residir en eso.

UN AMIGO SIN REPAROS

Mi hijo, mi sobrino, todos nuestros familiares y amigos querían tener una gatita como ella. Por eso nos animaron a juntarla con algún gatito a ver qué pasaba.

Nos decidimos el día que Andrea se subió al árbol más alto del jardín y no podía bajar. Maullaba desconsoladamente. Nos miraba pidiendo ayuda. Miguel posó sobre el árbol nuestra escalera más alta y se acercó a ella que dio un salto cayendo en sus brazos haciéndole casi perder el equilibrio. ¡Menudo susto!: ¿estuve a punto de quedarme sin el amor de mi vida? Puede que sí: él no tiene siete vidas. Claro que ella tampoco, eso forma parte del imaginario colectivo... ¿o no?, quién lo sabe.

Hablamos con el veterinario para buscarle un novio a nuestra querida gatita. Nos dijo que estaba en edad fértil, el momento era el más adecuado. Nos habló de un gatito de buena familia, sano, vacunado, limpio...

Miguel fue a buscar al novio de Andrea. No podíamos saber qué pensaría ella. Pero lo supimos enseguida.

Les dejamos a los dos solos en el garaje. Todo el espacio del mundo para ellos. Al principio, nosotros vigilábamos sin ser vistos, pero luego no me pude resistir: entré en el garaje, me senté en un rincón alejado y pude observar en primera fila todo el cortejo.

Andrea miraba a aquel individuo de su especie, -siamés como ella- con los ojos muy abiertos. Estaba lejos de él, colocada en un rincón. El gatito la miraba y poco a poco se iba acercando a ella, que lo bufaba sin parar. Pero él no cejaba en el cortejo. Tras un movimiento brusco se colocó detrás de ella, y la agarró el cuello con los dientes. Ella se resistió dos o tres veces, pero al final claudicó.

No puedo recordar cuánto tiempo permanecieron unidos, apareados, en una especie de curioso ritual. Andrea gritaba, él no podía decir nada porque su boca sujetaba con fuerza el cuello de Andrea. Los dos se movían, se retorcían... Poco a poco, ella dejo de gritar.

Tras un largo cortejo, varios envites y una hermosa ceremonia coital, comprendimos que el acto había concluido. Nos fuimos a dormir y los dejamos allí, juntos toda la noche.

Yo no podía descansar. Por los gritos de Andrea comprendí que el protocolo se reprodujo varias veces más durante la noche.

Al día siguiente llevamos al novio a su casa. Andrea se quedó un tiempo más en el garaje, buscando a su amado. Yo pensaba que, tal vez, estábamos siendo crueles: separar a unos amantes tras hacer el amor, con intención de que no volviesen a verse nunca más... ¿no es cruel? Acaso en el mundo felino no lo sea, ¿o tal vez sí? No podíamos saberlo.

Tiempo después nos interesamos por el gatito que había preñado a Andrea. Nos dijeron que lo había atropellado un coche. Un día salió de casa, atravesó la carretera y lo atropelló un conductor que circulaba a demasiada velocidad. Desde ese momento me he encontrado varias veces gatos atropellados en medio de la carretera. Siempre que los he visto siento una punzada en el estómago. Ella nunca se enteraría, eso era lo único positivo del terrible suceso.

Miguel y yo comenzamos a leer todo lo que caía en nuestras manos para saber qué podíamos hacer para ayudar a nuestra gatita en su posible preñez.

Enseguida observamos mudanzas significativas en el comportamiento de Andrea: ronroneos excesivos, falta de apetito, inquietud, ruidos... Recorría la casa con insistencia, buscando algo concreto.

Tres semanas después fuimos viendo aumento de peso, cambio de tamaño y color de sus cuatro pares de mamas, tripita abultada... Todos esos síntomas nos hicieron sospechar que el cortejo había dado resultado: ¡estaba preñada!

Dos meses más tarde comprendimos que se acercaba el día del parto. Éramos felices esperando el acontecimiento.

¡ESTAMOS DE PARTO!

Serían las tres de la mañana cuando escuchamos un golpe seco. Se abrió la puerta de nuestra habitación y entró Andrea, maullaba con un deje lastimero. Me pareció que lloraba.

Para subir a nuestra habitación había tenido que abrir tres puertas: la del cuarto de baño, la del salón y la del dormitorio. Llegó a nuestro lado con desesperación.

Nos llamaba. Estaba claro que quería algo de nosotros.

Nos levantamos y la seguimos. Comenzó a subir con dificultad la escalera del ático. La tomé en brazos. Ella me miraba como preguntando:

¿Qué me está sucediendo? ¿Por qué me duele tanto esta tripa gorda y pesada? Y ahora... ¿qué va a pasar?

Nosotros habíamos acondicionado un lugar para que pudiese parir a gusto: una manta en el centro y alrededor varios cojines. Miguel tenía preparada la cámara de vídeo. Queríamos recoger el acontecimiento: ver nacer a su camada.

Entré con ella al paritorio, me senté en el suelo, la acaricié la tripita, la animé cuando ronroneaba de forma extraña.

La hablé sin parar, diciendo ni se sabe cuántas tonterías y lugares comunes. Las palabras salían de mi boca sin pasar por filtro alguno.

Vamos, cariño, vamos, no te preocupes que nosotros estamos aquí para ayudarte. Lo que te pasa es normal.

Andrea no dejaba de maullar, mover la cabeza, respirar con dificultad. Comencé a preocuparme. Unos segundos más tarde vimos cómo nacía su primer bebé, cómo se comía la placenta, cómo lo chupaba para eliminar cualquier rastro de sangre, como lo sujetaba por el culo y lo sacaba de aquel círculo que nosotros habíamos preparado para ella.

Cargando a su hijo, saltó por encima de un baúl antiguo y se metió en el espacio que quedaba por detrás. Allí tenía preparado su propio paritorio, con algunos trapos, una camiseta mía y papeles arrugados.

En ese lugar nacieron tres hijos más. Había parido cuatro. Uno nació muerto: lo miró y lo dejó a un lado. Recordé el nacimiento de mi hijo, los dolores del parto para un solo hijo, y Andrea ¡había tenido cuatro! Me pareció una valiente.

No le dio la más mínima importancia. Olvidando al difunto, pasó a ocuparse en cuerpo y alma de los tres que estaban vivos.

Miguel y yo nos miramos, nos abrazamos y descubrimos que Andrea era una madre que había sabido elegir y disponer el lugar donde quería que naciesen sus hijos, soportar con dignidad el nacimiento de cuatro criaturas, y acogerlas con ternura y dedicación.

Ella había seccionado el cordón umbilical con los dientes, comido la placenta, limpiado el lugar del parto y se disponía a dar de mamar a su prole.

En pocos minutos todo quedó limpio y acondiciona-do para ejercer de madre de tres gatitos recién nacidos. Cuando termino de limpiarlos, se tumbó de lado, ani-mándolos a mamar. Casi de inmediato, uno a uno, se fueron poniendo de pie y acercándose a las ubres de su madre. Verlos mamar resultó ser alucinante.

Los nombres que les pusimos a los hijos de Andrea fue-ron: Currita, a la gatita y Johnny y Jimmy, a los dos gati-tos. Cada uno de ellos tenía una personalidad diferente.

He leído en alguna parte que ellos, los gatos machos, no cuidan a sus hijos, algunos los matan.

La madre, sin embargo, los amamantó, los cuidó, los protegió y les enseñó a vivir. Cuando comenzaron a comer por si solos (más o menos cuatro semanas después del nacimiento), dejó de preocuparse por ellos y a rechazarlos.

AL PARTIR...

A medida que Andrea cumplía años, dormía más. Se acurrucada en su sofá, sobre la mantita roja, en mi rega-zo o en el de Miguel. Apenas podía subir las escaleras. Dejó de saltar por los muebles y no quería salir al jardín.

Nos negábamos a ver las evidencias. Era nuestra primera gatita y no estábamos preparados para dejarla marchar.

Un día la llevamos a la playa de Valdearenas, metida en la mochila que yo cargaba en la parte delantera. No quiso ver el mar. Se asustó mucho con el sonido de las olas. La arena no fue de su agrado. Yo la abrazaba. Ella me miraba con ojos de miedo. Llevarla a la playa no había sido una buena idea. Ocurrencias de Perogrullo por nuestra parte. Tuvimos que volver a casa.

Otro día fuimos a despedir a nuestro hijo que se marchaba a la Universidad. La ida resultó regular, pero la vuelta fue terrible: vomitó, lloró, maulló. Decidimos no montarla más en un coche. No cumplimos la promesa.

Tenemos por costumbre pasar Nochevieja con la familia de Madrid. Normalmente, ella se queda en Santander, atendida por personas de nuestra confianza. Esas navidades enfermó y quisimos llevarla con nosotros. Durmió todo el viaje de ida. Por la casa apenas se movía, iba de la comida al arenero, y luego a su mantita, para dormir.

De vuelta en casa, nuestra gatita querida se fue apagando poco a poco. Yo intentaba no separarme de ella en ningún momento. Las vacaciones no habían terminado y le dediqué todo mi tiempo. Cuando abría los ojos y me veía cerca, parecía sonreír. Yo la besaba y abrazaba. No sé si a ella, pero a mí esos besos y abrazos me reconfortaban.

Su último día de vida no lo podré olvidar nunca: tenía el cuerpo muy frío, la abracé, y coloqué una mantita sobre ella. No dejó de mirarme. Sus ojos me interrogaban:

Qué me está pasando, mami, casi no puedo verte, ayúdame.

Mientras se marchaba intenté consolarla.

Te queremos, niña, te queremos, nunca te olvidaremos. Descansa, debes descansar.

Vi en sus ojos un resplandor; sus pupilas viraron a negro. Comenzó a subir la temperatura de su cuerpo y comprendí que ya no estaba. Lloré, lloramos con tristeza, emoción y el recuerdo de dieciséis años felices a su lado. La enterramos en el jardín y volvimos la vista a sus hijos: nos necesitaban y nosotros a ellos también. ¿Cómo olvidar a Andrea? Son tantos los recuerdos..., tantas las anécdotas... Sus muestras de cariño y lealtad son infinitas.

Pasar el duelo es algo que se dice a la ligera. Solo se tiene en cuenta cuando el que desaparece es un ser querido -humano, claro-. Ponerse triste, muy triste, por la muerte de un animal doméstico se considera una aberración, por algunas personas. Pero no lo es -lo sé, lo puedo asegurar-. Mi tristeza era infinita. Solo comparable a lo que sentí cuando murió mi padre. Sí, lo sé, muchos individuos pensarán que estoy exagerando o que no querría tanto a mi padre. Se equivocan: mi padre ha sido una de las personas más importante de mi vida. A él y a mi madre les debo lo que soy.

¿Qué tendrá que ver la velocidad con el tocino? Mi padre solía decir que cuanto más amor se da, más queda, que el amor no se gasta, se multiplica. Y yo estoy de acuerdo con él. Sufrir por la muerte de un padre no significa que no se pueda sufrir por la muerte de una gatita tan preciosa, tan cariñosa, tan dulce, tan lista y tan única como Andrea.

Al partir un beso y una flor. Un te quiero, una caricia y un adiós... Imposible olvidarla. Había sido una madre estupenda. Sus hijos me la recordarían a diario.

JOHNNY, CURRITA Y JIMMY, HIJOS DE ANDREA.

Ron, ron, ron; hacen ron, ron, ron,
los gatitos al lavarse
y a su modo engalanarse,
ron, ron, ron; hacen ron, ron, ron.

(Del cancionero popular infantil)

Andrea resultó ser una madre estupenda. Era un placer verla entregarse en cuerpo y alma a sus crías: les daba de mamar, los aseaba, los llevaba de un lugar a otro de la casa utilizando un método que no habíamos visto nunca hasta ese momento: los agarraba del cuello y los transportaba. Bajaba con ellos las escaleras procurando no golpearlos. Los gatitos eran felices, sin quejas, sin llantos, obedientes y sumisos. Primero trasladaba a uno, luego a la otra y por último al otro. Observé que el orden era siempre el mismo. Tal vez había diseñado una estrategia en función del nivel de obediencia de sus crías, no lo puedo asegurar.

Nunca les abandonó a su suerte, permaneció a su lado de día y de noche. Siempre dispuesta a darles leche, atención y cariño.

Por supuesto, no dejaba que nos acercáramos a ella, y mucho menos a ellos. Nosotros lo intentábamos. No podíamos creer que esa gatita siempre cariñosa se hubiese vuelto tan arisca, tan desconfiada. ¿Por qué rechazaba las caricias?, ¿pensaría que le íbamos a quitar a sus bebés?

Pasado algún tiempo –un par de semanas, más o menos– se acostumbró a nuestra presencia y se dejó acariciar, pero escondía a sus hijos; se colocaba sobre ellos como una gallina incubando huevos.

Cuando Andrea, comenzó a rechazar a sus hijos, tras el destete, los sacamos de casa. Teníamos un porche grande que dividimos en dos para regalarles una parte. Un albañil practicó un agujero en la fachada, que daba a la caseta de madera comunicada con el jardín. Los colocamos allí con todas sus cosas.

En el porche hacía calor porque el techo estaba acristalado, y en la caseta la temperatura era más fresca. Así tenían calor o frio, a su gusto. Incluso, podían salir al jardín, por el día. En la noche la puerta de la caseta permanecía cerrada, por seguridad.

Verlos crecer, jugar, ir y venir, al principio se convirtió en una forma de recordar a Andrea, hablar de Andrea, descubrirla por todas partes. Más tarde ellos comenzaron a tomar posesión de mis sentimientos y aprendí –aprendimos– a quererlos.

Eran tres siameses preciosos: dos gatitos y una gatita. Pequeñitos, dulces, despiertos, juguetones. Entre ellos destacaba ella, la más pequeña, la más revoltosa, la más traviesa.

Aparentemente podrían parecer un mismo gato repetido, pero no era así. Aprendimos enseguida a diferenciarlos y les pusimos nombres. Ya no recuerdo por qué los elegimos: Johnny, Currita y Jimmy, eran completamente diferentes. Sus personalidades, su manera de relacionarse con nosotros, su comportamiento dentro y fuera del hogar: Johnny iba a su bola, le gustaba esconderse, separarse de los otros dos y de nosotros. Currita, la pequeñaja, pizpireta, incluso un poco agresiva, protegía a sus hermanos de todo y en todo momento y Jimmy, el más sociable, parecía un osito de peluche. Se dejaba coger, achuchar y besar por cualquiera. Los tres compartían el mismo espacio y, al menos al principio, se llevaban muy bien. O eso nos parecía a nosotros.

Andrea no quiso verlos, tocarlos, estar a su lado mientras crecían. Cuando la llevábamos a su espacio, en el segundo porche, protestaba, bufaba y quería salir, entrar en nuestra casa y olvidarse de ellos.

El destete se produjo, a partir de las cuatro semanas de vida de los tres michines. Ellos aprendieron a comer solos, andar solos, pasar de la parte de arriba del porche, a la caseta y de ahí al jardín. Los llevamos al veterinario y les hicieron sus cartillas individuales. La vida continuaba con aparente tranquilidad.

Los tres, de forma diferente, nos tenían completamente entregados. Resultaba maravilloso observarlos, acariciarlos, sentir su ronroneo gozoso. Eran los hijos de Andrea y cada uno de ellos era un ser vivo diferente, hermoso y feliz.

JOHNNY. ¿EL GATITO FEO? DISARTRÍA GATUNA

Desde el primer momento comprendimos que era un gatito diferente. Movimientos lentos o demasiado rápidos, asustadizo, triste, esquivo... Queríamos mucho a los tres hijos de Andrea, pero le dedicábamos más tiempo a él. Sospechábamos que eso tampoco le hacía dichoso. Lo que más le gustaba, lo que intentaba con todas sus fuerzas, era pasar desapercibido. ¿Estaríamos haciendo algo mal? Seguro que sí. Pero... ¿qué?

Desde el primer momento, Miguel procuraba integrarlo con el resto de la camada: Currita, Jimmy, Miguel y yo. Lo intentaba una y otra vez, era muy optimista, estaba convencido de que daría resultado.

Su mirada huidiza nos producía mucha tristeza. Aceptaba con indiferencia nuestras caricias. Cerraba los ojos y se hacía el dormido.

¿Era Johnny, el gatito feo? No, ni mucho menos, para nosotros no lo era. O tal vez sí, quien sabe. Acaso, cuando creciera, se convertiría en un precioso cisne gatuno, no lo podíamos saber.

Tenía, eso sí, problemas de relación. Padecía una especie de trastorno de la comunicación social (SCD) muy similar al que padecemos los seres humanos. No maullaba, no era capaz de pronunciar ni una palabra. Es decir, lo suyo era una *disartria gatuna*, cercana al autismo, pero al revés.

Cuando Andrea nos abandonó, comenzamos a meter en casa a algunos de sus hijos, para observar su comportamiento. Así descubrimos lo de Johnny, su tristeza, su necesidad de esconderse. Nada más entrar buscaba el rincón más oscuro para que le dejásemos en paz. Podía permanecer allí todo el tiempo del mundo, a no ser que Miguel se acercase a él, lo acariciase y le convenciese para venir con nosotros al sofá.

Incorporar a Johnny, demostrarle que no tenía por qué asustarse de nosotros, resultó ser una tarea larga y, a veces, dura.

Más difícil resultó que lo aceptaran al cien por cien sus hermanos. Jimmy y Currita siempre estaban juntos, en una parte y él, solo, en otra. Tuvimos que intervenir.

Entrábamos en su casita a pasar tiempo con ellos. Los acariciábamos, les dábamos chuches, regalitos, juguetillos. Y siempre a los tres igual. No consentíamos que ninguno intentase arrebatarle al otro lo que le habíamos dado.

La palabra fue COMPARTIR.

Pero bueno, currita, ¿por qué no compartes con tu hermanito ese juguete? Oye, Jimmy, nada de bufar a Johnny.

¿Llegaría el día en el que nuestros esfuerzos darían frutos? Lo llevamos al veterinario y nos dijo que, tal vez, lo hacía para llamar la atención de sus hermanos, porque estaba deprimido o porque tenía algún tipo de trastorno mental.

Me quedé de piedra...

¿Un trastorno mental? ¿Los gatitos también tiene de eso? ¿Cómo es posible?

El veterinario nos confirmó que sí, que era posible. La prueba la teníamos delante de nosotros:

Sí, por supuesto, los gatitos también pueden padecer enfermedades mentales. Tenéis que observar, de cerca, a Johnny, ver si tiene ansiedad, comportamientos compulsivos, depresión, estrés...

Nosotros éramos felices cuando veíamos a los tres juntos. Aun sabiendo que el problema de Johnny era muy difícil de resolver. ¿Lo conseguiríamos?

Por nosotros no iba a quedar. Estábamos dispuestos a intentarlo todo. Miguel se lo tomó como algo personal, porque lo era ¿qué puede haber más personal que conseguir que un ser animado que vive en nuestra casa, en nuestro porche, en nuestro jardín, sea feliz y no tenga problemas de salud?

Hicimos todo lo que pudimos para ayudar a Johnny. Quienes le ayudaron más fueron sus hermanos. Currita, que lo protegía como una leona y Jimmy que comenzó a mirarlo de otra manera siguiendo su ejemplo.

Una enfermedad mental gatuna es como la de las personas: nadie sabe cómo conseguir que se cure, pero por eso no se deja de intentarlo.

LENGUAJE CORPORAL

Aprender el lenguaje corporal de nuestros gatitos resultó un deporte divertido. Leímos algunos libros, hablamos con el veterinario, vimos reportajes de vídeo y televisión.

Descubrimos que su lenguaje es complejo, rico y sutil. Desde la forma en que se colocan a nuestro lado, el movimiento de la cola, la expresión de sus ojos, los gestos que hace con la cabeza, cómo tienen las orejas... Y, por supuesto, el ronroneo, los bufidos, la manera en la que nos comunican su aroma.

Con los tres gatitos comenzamos a analizar todo esto sin mucho esfuerzo, pero sobre todo con Johnny. Su lenguaje mostraba inseguridad, temor, irritabilidad, felicidad a veces, conflicto siempre, juego, posesión.

En cualquier manual, que se puede descargar de Internet (algunos incluso incluyen dibujos o vídeos), se logra descubrir lo que significan los códigos del lenguaje felino, qué nos quieren comunicar: con el movimiento de su cuerpo nos hacen saber si están contentos o tristes; con la cola expresan emociones; con los ojos nos dicen cómo se sienten; con las orejas nos hablan de su estado de ánimo.

La verdad es que nosotros hemos podido comprobar en la práctica que esos manuales están en lo cierto, casi siempre. Claro que, hay que aplicar alguna corrección: el carácter de cada gato o gata particular.

De todas formas, por si te interesa saberlo, te voy a decir lo que he aprendido en los libros. Hablan de manera total y sobre todo con los ojos, orejas y cola, a la vez. Al principio no lograba comprender lo que me querían decir a mí o a los otros miembros de su especie.

El lenguaje de su cuerpo: Johnny mostraba pocas veces su agresividad, pero cuando lo hacía, colocaba las patitas muy juntas, arqueaba el lomo y se le erizaba el pelo de manera extraña.

Con los movimientos de la cabeza: indicaba sumisión, si la agachaba, pero también miedo o comienzo de agresividad. Lo más hermoso era verlo estirarla hacia adelante, porque eso significaba que estaba buscando el contacto piel con piel, caricias, muestras de cariño.

Los ojos de Johnny eran muy expresivos. Sabíamos que estaba tranquilo, sereno, cuando los entrecerraba. La felicidad la mostraba abriendo mucho las pupilas. Eso era símbolo de feliz curiosidad. El miedo y el temor lo podíamos leer en sus pupilas muy dilatadas.

Las orejas de nuestros gatitos en general, y, de Johnny, en particular, eran como radares que indican muchas cosas interesantes: irritación, estrés, enfado o que están a punto de atacar, cuando las tienen inclinadas a los lados y hacia atrás; aplanadas y pegadas a la cabeza, indican temor o que están a la defensiva; solo si tienen las orejas muy erguidas en posición vertical, nos indicarán que están en calma, tranquilos, o que observan el entorno con curiosidad.

La cola de Johnny no dejaba lugar a dudas: si estaba calmado, alegre y feliz, la colocaba hacia arriba, formando un ángulo recto y con pequeños movimientos circulares; cuando estaba triste o tenía miedo (lo que era muy frecuente) la colocaba para abajo, incluso la metía entre sus piernas; si estaba sentado, mostraba su enfado moviendo la cola con mucha rapidez; y si quería jugar, la movía lentamente y/o me daba golpecitos suaves; lo más triste para mí era verlo con la cola erizada, corriendo como despavorido. En ese momento sabía con toda seguridad que estaba aterrorizado, amenazado, que algún gato, perro, o rival, lo estaba persiguiendo.

Estas señales, más o menos acusadas, las he podido observar en todos nuestros gatitos, tanto en ellas como en ellos. Si las cuento aquí es porque en Johnny eran muy acusadas, especialmente las señales de miedo, petición de ayuda, tristeza, sentimiento de amenaza, sufrimiento... Observarlo me producía una gran tristeza. Miguel y yo intentábamos ayudarlo, a veces lo conseguíamos, otras no.

CEPILLOS FUERA

Como afirma John Gray en su *Filosofía felina*[1] *"Los gatos no planifican su vida: la viven según se les presen-*

---

1 A pesar del título, el libro habla de la filosofía humana, de sus autores y lo que dijeron. Y algunas de esas cosas son acerca de los gatos.

ta. (...) *Pasan buena parte de la vida en satisfecha soledad. Y, aun así, pueden encariñarse de sus compañeros humanos, incluso tratar el enfermizo desasosiego que aqueja a estos y que las personas mismas no logran remediar".* El Doctor Johnson reconocía esa capacidad en su compañero gatuno y se refería a él diciendo que era *"un gato muy bueno de verdad. (...) le daba algo que la compañía humana no le podía proporcionar: un atisbo de cómo era la vida antes del pecado original".* En una ocasión, murmuró: *"a Hodge no le pueden disparar; no, no, a Hodge no le pueden disparar".* Hodge era para Johnson *"una ocasión para darse un respiro entre tanto pensamiento, o lo que es lo mismo, un alivio a su condición de ser humano".* Hodge es el único gato que tiene una estatua en Londres, está en Gough Square, junto a la casa del Doctor Johnson.

Johnny tenía una curiosa manía. Lo primero que hacía cuando se cansaba de esconderse por la casa, era ir al cuarto de baño, subirse al lavabo y trastear con los cepillos de dientes y el dentífrico. No paraba hasta conseguir tirarlos al suelo. Luego, se escondía de nuevo para ocultar su travesura. A veces, aparecía por la cocina justo cuando habíamos terminado de comer, a la hora de recoger la mesa y el mantel de hule. No sabemos cómo se las arreglaba para tener su momento de gloria ayudando a doblarlo: metía la cabeza por debajo del faldón y daba un salto, lo doblaba por la mitad, estirando con sus patitas de un lado y de otro. Luego, tras conseguirlo, volvía a salir pitando.

Al padre de Miguel le alegraba este momento, lo esperaba con júbilo, lo buscaba incluso. Cuando entre los dos recogían el hule, solía decir:

Este gato es muy inteligente, ¿no habéis visto su habilidad para doblar el mantel. Si es que los gatos, muchas veces, pueden ser más inteligentes que las personas.

Tenía razón, Johnny demostraba su habilidad una y otra vez en esa tarea concreta, la misma que mostraba cada día tirando los cepillos de dientes y el dentífrico.

La verdad es que era un encanto. Su mirada perdida y su miedo permanente, nos tenía inquietos. Nunca hemos pegado a nuestros gatitos, pero él, no sabemos por qué, se asustaba cada vez que acercábamos la mano a su carita para acariciarlo. Tal vez siguiese en su memoria la dura historia de sus antepasados.

Según mis investigaciones, los gatos comenzaron a convivir con las personas hace unos doce mil años, allá por el Oriente Próximo, Israel, Irak, Turquía... Se unieron a ellos para llevar una vida más sedentaria. Cazaban ratones y comían los restos de carne de los cazadores.

Hubo un tiempo (y en cierta medida sigue aún vigente) en el que la hostilidad y el maltrato a los gatos llegaba a cotas muy elevadas[2]. Se les relacionaba con el diablo y se idearon atrocidades varias entre las que estuvo culminar las festividades religiosas quemando un gato en la hoguera arrojándolo desde el tejado, o colgando una bolsa con uno o varios gatos sobre el fuego para quemarlos vivos. Tenían la creencia terrible de que enterrar gatos vivos debajo de la tarima de las casas daba suerte a sus habitantes. Y es que, la crueldad humana no tiene límites. Podría seguir relatando barbaridades que se han hecho y se siguen haciendo con los gatos. En la actualidad hay leyes que lo prohíben, pero aun así se siguen practicando.

El odio a los gatos es incomprensible para quienes los conocemos, convivimos con ellos y comprobamos lo saludable que es su compañía. Puede que todo esté motivado por la envidia. Y es que según John Gray "*Los gatos son felices siendo ellos mismos, mientras que los humanos intentan alcanzar la felicidad huyendo de sí*". No son crueles, "*cuando los gatos juguetean con un ratón tras cazarlo, no se están divirtiendo con el sufrimiento de ese animal. Jugar con su presa es una manifestación*

---

2 Robert Darnton La gran matanza de gatos y otros episodios en la historia de la cultura francesa.

de su naturaleza de cazadores. En vez de torturar a las criaturas que tienen en su poder –una predilección muy singularmente humana–, juegan con ellas".

UNA LECCIÓN

Todos nuestros gatitos han sido siempre muy limpios. A Andrea la acostumbramos a bañarse. Y ella le cogió gusto al agua. Todo el mundo dice que los gatos huyen de ella como de la peste. Hay quienes afirman que es por su procedencia de El Medio Oriente, donde impera el desierto. En nuestra experiencia no es así. A Andrea la comenzamos a bañar desde el día que llegó a nuestra casa. No todos los días, claro, pero sí cuando estaba sucia, cuando comenzaron a salirle pulgas. Se los quitábamos con baños de agua caliente, y un champú que nos dio el veterinario. Durante una semana la bañamos todos los días, hasta que desaparecieron los visitantes inesperados.

Desde muy pequeñitos comenzamos a bañar también a los tres gatitos, con resultados muy desiguales en su comportamiento con el agua. A la que menos le gustaba era a Currita, por lo que la bañábamos la última. Jimmy era bueno también para eso. Johnny no es que le gustase mucho pero apenas protestaba.

De todas formas, cuando digo que nuestros gatos

eran muy limpios, no me refería a esto, sino a que ellos mismos, tras comer, se pasaban mucho tiempo aseándose, chupándose, o utilizando las patitas para lavarse los labios y la cara.

Lo de Johnny era exagerado. No solo se limpiaba de manera compulsiva, una y otra vez, sino que comenzó a arrancarse mechones de pelo, y a presentar principios de alopecia.

Era como si le picase mucho y no pudiese parar de rascarse. Descartamos que tuviese habitantes en su cuero cabelludo. Hacía tiempo ya que habíamos erradicado ese problema. El veterinario nos dio un nuevo producto con el que rociamos a los gatitos y el lugar donde vivían. Les colocamos una especie de embudos en la cabeza, para evitar que se chupasen y comiesen el producto. El invento funcionó de tal manera que no volvieron a tener bichitos molestando por su cuero cabelludo.

Pero... si no eran los parásitos... ¿qué le pasaba a Johnny? El veterinario nos dijo que algunos gatos son alérgicos a las pulgas y que la exposición de esos gatos a la saliva de una sola pulga, o una única picadura, puede provocarles una picazón insoportable. ¿Sería Johnny alérgico a algo?, ¿tendría algún tipo de infección? Lo que le faltaba al pobre gato. Y lo peor de todo era que el veterinario no encontraba la razón por la cual nuestro gatito feo estaba tan desesperado rascándose, arrancándose el pelo, y padeciendo ese tremendo desasosiego. Tal vez, nos dijo, sus problemas de comportamiento y de aceptación en su manada, estén en el fondo de ese problema.

El veterinario también nos propuso que le pusiéramos unas manoplas para evitar que se arrancase el pelo. Recordé el nacimiento de mi hijo en España, y que, cuando volvimos a Alemania, a él también tuve que ponerle guantes de tela fina para que no se rascase la cara haciéndose pequeñas heriditas.

Colocamos a Johnny unos guantes que yo misma fabriqué, pero no duraban en sus patitas ni un minuto. Con los dientes conseguía quitárselos. Pensé que la única solución era amarrárselos con cinta de empaquetar. Y, efectivamente, el invento resultó muy eficaz. Aunque Johnny intentó quitárselos no pudo. Claro que yo tampoco pude. Menuda solución estúpida la mía. Le había colocado los guantes para evitar que se arrancase el pelo y resultó que cuando intentamos quitárselo después de varios días, ante la desazón que le producía tenerlos puestos, fue muy difícil. El pobre gatito lloraba, se revolcaba, nos miraba con esos ojos tristes que me producían una pena infinita. Cuando por fin conseguimos quitarle el terrible invento, tuvimos que volver al veterinario para ver qué podíamos darle para curar las heridas que yo misma le había infringido en sus patitas.

Recuerdo que lloré sin consuelo. No podía perdonarme aquel invento infernal. ¿Cómo no pensé que pasaría lo que pasó? ¿Por qué no analicé las posibles consecuencias? Debería haber probado el invento en carne propia. Si quitarse una simple tirita suele ser doloroso... cuánto más sería quitarse un trozo de cinta de embalar... Sucedió hace muchos años. Hoy, al recordar el episodio, se me han vuelto a saltar las lágrimas y sigo teniendo un gran dolor.

Nunca podré olvidarlo: la estupidez humana en estado puro. Bueno... mi propia estulticia. No es posible saber lo que no se sabe, a no ser que se aprenda. Yo, sin duda, aprendí la lección.

¿FILOSOFÍA GATUNA? ¡QUÉ ESTUPIDEZ!

Pues sí, efectivamente, es una estupidez hablar de que los gatos conocen la filosofía, que la practican, que son verdaderos filósofos. Es más, afirmaré que, si nos parece que lo son, es a pesar suyo porque ellos y ellas no necesitan para nada la filosofía.

Estas no son cosas mías, sino que las he leído en los libros, esos manuales maravillosos cuando quienes los han escrito lo son; pueden ser enervantes cuando los ha escrito un tipo o una tipa que dicen lo primero que se les pasa por la cabeza sin rigor alguno. He escuchado auténticas barbaridades a algunos *youtubers* famosos, que tienen millones de *followers*, y practican la filosofía del cabrero (sin ánimo de ofender a quienes se dedican a este digno oficio, que contarían con todos mis respetos si hablasen de lo que observan a diario en sus cabras u ovejas, en el cielo, en los paisajes que frecuentan, etc.), pero que, al igual que algunos tertulianos y tertulianas, hablan de lo divino y de lo humano sin son ni ton, diciendo lo primero que se les ocurre sin pararse a pensar en la responsabilidad que implica hablar o escribir para todas esas personas que les siguen, incluso admiran, y que pueden llegar a creer que lo que dicen es cierto, está contrastado y nace de una profunda reflexión y no de su mente calenturienta, su deseo de empatía, adquirir fama y dinero.

Pues eso, que las cosas no son como parece que son, sino como son en realidad. La verdadera verdad, si es que existe, no admite medias tintas ni tomaduras de pelo. Las *fake news*, los bulos, y los chistes malos, son tan peligrosos como lo que antiguamente se llamaba maledicencia, chismorreo, difamación. Tuve una profesora que decía que esta era como el agua: si se derramaba era imposible volver a introducirla dentro del recipiente del que salió. ¿Quién puede recoger las mentiras perniciosas que tanto se estilan en estos momentos? En fin, vamos a lo que vamos, que me voy por los cerros de Úbeda, es decir por las ramas del árbol de la verborrea.

Como yo no tenía ni idea de casi nada, hasta que comencé a leer, a estudiar, a contrastar informaciones, si digo que no hay una filosofía gatuna, lo digo con conocimiento de causa. Lo he leído, por ejemplo, en el libro ya citado, *Filosofía felina* de John Gray, y he aprendido que *"los gatos no necesitan filosofía. Siguen su naturaleza, se contentan con lo que la vida les da"*. Y también que *"El animal humano nunca deja de aspirar a ser algo que no es, con los trágicos y ridículos resultados previsibles. Los gatos no hacen ningún esfuerzo de ese tipo. Gran parte de la vida humana es una denodada búsqueda de la felicidad. Entre los gatos, por el contrario, la felicidad es ese estado en el que se instalan por defecto cuando desaparecen las amenazas de tipo práctico a su bienestar"*. Esa, se afirma, *"quizá sea la razón principal por la que a muchos nos encantan los gatos. Traen de serie una felicidad que los humanos por lo general no logramos alcanzar"*. Debo confesar que soy una de esas personas que han aprendido de sus gatos a ser feliz. Soy una mujer de palabras, muchas, tal vez demasiadas y me sorprende que ellos y ellas, *"al ser criaturas que se fían solamente de lo que pueden tocar, oler y ver, viven libres del imperio de las palabras".* De todas formas, quiero aclarar algo: en eso no estoy de acuerdo con mis felinos. Amo y respeto las palabras, investigo sus múltiples significados, me comunico con ellas, me emociona la hermosura de algunos textos, envidio a quienes son capaces de expresar sus pensamientos de forma particularmente lúcida.

Cuando miro a mis gatitos y mis gatitas, los acaricio, los admito, comprendo perfectamente lo que afirmó Michel de Montaigne, allá por el siglo dieciséis: *"Cuando juego con mi gata, quién sabe si es ella la que pasa el tiempo conmigo más que yo con ella".*

Pues sí, así es, tal cual: los gatos son los verdaderos amos del cotarro. Ellos eligen si estar contigo o dejarte, si jugar o dormir, si eres su preferida o les gusta más tu compañero, tu nieta, tu madre, tu vecina. Ahora bien, una vez que eligen, son fieles, a no ser que les demuestres que eres una persona cruel.

Cuando están contigo es porque quieren, no tienen ninguna obligación de quedarse a tu lado. Su filosofía de vida es simple: hacen lo que quieren hacer y punto. Me gustaría vivir sin planificar todo lo que hago... ¿Será esa una capacidad únicamente gatuna?

Truman Capote afirmó: *"El gato y yo, somos un par de seres que no se pertenecen, porque soy como este gato, no pertenezco a nadie".* No encuentro mejor final para este apartado.

¿SON CELOSOS LOS GATOS?

En algunos libros he leído que no, que los gatos no sienten celos, defienden su territorio, su espacio, las cosas y personas que viven a su lado.

Para un gato en concreto, una persona, la que lo mima, lo acaricia, atiende a sus necesidades, pasa a formar parte de su propiedad. En primer lugar, porque es esa la persona que ha elegido. Bueno... persona, persona... no, en realidad la persona elegida es un gato o una gata, grande, es cierto, pero felina, al fin de cuentas. Y me encanta serlo, qué queréis que os diga.

Desde muy pequeñitos los michines sienten una especie de celos cuando algo o alguien rompe el orden y la armonía que ha conseguido tener a su alrededor. Han pasado mucho tiempo observando el entorno en el que se mueven, dejando su aroma en cada rincón, cada mueble y cada gato grande que convive en su mismo espacio. Es lógico que no les guste que, de pronto, aquello se altere.

Es fácil observar su comportamiento cuando colocamos algo nuevo en cualquier lugar de la casa. Lo buscan, lo observan, se frotan con ello para marcarlo, dejando su aroma; solo entonces vuelven a sentirse en calma.

Si lo que perturba su sosiego es otro felino, otra persona, otro ser animado, el desasosiego es mayor. ¿Puede afirmarse que es por celos? Yo no digo ni que sí ni que no. Nos lo dijo el veterinario cuando le hablamos de lo que le pasaba a Andrea cuando llegaba a casa nuestra nieta María. Él dijo que sí, que efectivamente, nuestra gatita estaba celosa.

Algunos expertos, a los que he leído con fluidez, afirman que los celos son emociones complejas en los seres humanos, y que en los gatos no existen como tal, o que si existen no se manifiestan de la misma manera que en los seres humanos.

He observado que Johnny sentía algo parecido a los celos al observar que Currita y Jimmy estaban casi siempre abrazados mientras que él permanecía solo. A veces, al acercarse, lo rechazaban. Desde su rincón miraba, con envidia, la imagen de sus hermanos. Era entonces cuando aceptaba mejor las caricias, el amor, la compañía. En ocasiones, al vernos demostrarle cariño, Jimmy y Currita se aproximaban a nosotros para reclamar su parte del pastel. Ese momento lo aprovechábamos para conseguir acercar a los tres, abrazarles juntos, prodigarles el mismo tipo de caricias, darles las mismas recompensas.

Jorge Luis Borges dijo: *"Mi gato hace lo que quiere,*

como yo"; ya nos gustaría a muchas personas poder hacer lo que nos viene en gana y ser como nuestros gatos, pero sin celos ni malos rollos. Si os digo la verdad, eso es lo que he intentado toda la vida; creo que, poco a poco, lo he ido consiguiendo.

Julio Cortázar dejó escrito: *"Querer a las personas como se quiere a un gato, con su carácter y su independencia, sin intentar domarlos, sin intentar cambiarlos..."*; aplaudo con las orejas esta muestra de respeto por gatos y personas. Nosotros convivimos con ellos desde hace más de treinta años, y lo intentamos siempre. Incluso hemos ido más lejos, imitando a Ernest Hemingway que dijo: *"La manera de llevarse bien con un gato es tratarlo como el ser superior que él sabe que es".* En esto no hay discusión. Como tampoco la hay en lo que dijo Emily Brontë: *"Los gatos son un consuelo".* Lo firmo sin dudar. Por la mañana, a medio día o a media tarde, por la noche, a lo largo de las horas, contemplar a mis felinos, me hace sonreír, me consuela de los avatares de vivir, de los dolores de la relación con mis congéneres, de la enfermedad y la muerte de algunos seres queridos.

Tener cerca un gato, una gata, un ser mágico, misterioso, único, diferente, sentir su cercanía, su cariño, su idiosincrasia, no tiene precio. He podido comprobar en múltiples ocasiones que su cercanía coloca en mis labios una especie de risa tonta, flojera, deseos de besar y abrazar. Su presencia es sanadora. ¿Quién necesita la risoterapia teniendo cerca a un ser singular que con solo su presencia es capaz de producir verdaderos milagros en nuestro ánimo?

Johnny, es cierto, tenía múltiples problemas, pero era un ser maravilloso, sorprendente, curioso, libre, que optó por estar con su hermano, con su hermana y con nosotros, en lugar de salir corriendo y buscar otro lugar en el que vivir. No, Johnny no era un gatito feo, era muy hermoso, y comenzó a mejorar gracias a nuestra dedicación y a nuestro cariño.

SE FUE SIN UN SUSPIRO

Johnny fue el primero que se marchó, el primero que nos abandonó, el primero de los hijos de Andrea por el que tuvimos que llorar. Fue triste, muy triste para nosotros.

En este capítulo vuelvo una y otra vez al mismo texto de John Gray, y lo hago porque define muy bien lo que he observado, lo que pienso y lo que siento acerca de la no filosofía gatuna. Y para este momento me parece oportuno recordar lo siguiente: "*Como ellos no piensan en la muerte (aunque sí parecen saber bastante bien cuándo les llega la hora de morir), los gatos no necesitan ningu-*

na de esas fantasías. Si pudieran entenderla, la filosofía no tendría nada que enseñarles".

Eso le pasó a Johnny: llegó un momento en el que él y nosotros supimos que estaba cerca su fin. Dejó de comer, de moverse, de interesarse por algo. Nosotros intentábamos animarlo, llevarlo todo lo que sabíamos que le gustaba, pero él no hacía ni caso. En ocasiones me miraba con esos ojos suyos un poco estrábicos y un mucho asustadizos. Parecía pedir ayuda para que todo terminase de una vez.

Es cierto que él era diferente a sus hermanos, tenía multitud de problemas, de sufrimientos. Algunos habíamos conseguido aliviar, otros, nos resultó imposible resolver. *"El dolor se sufre en el momento y se olvida, con lo que también regresa la alegría de vivir. Los gatos no necesitan examinar sus vidas, porque no dudan de que vivir valga la pena".* Esta es una afirmación muy razonable para los gatos, pero no estaba segura de que lo haya sido en el caso de Johnny. Tenía la sensación de que era un ser doliente de manera continuada, con algunos flases de alegría, pero pocos. Eso sí, conseguimos que reaccionase a nuestras caricias. Incluso dejó que le cogiésemos y permanecía un rato, no mucho, en nuestro regazo. Luego nos miraba y volvía a su mundo interior, a su exilio público y notorio.

Le gustaban las cajas de cartón. Lo que es lógico porque en ellas se podía esconder, acurrucarse y desaparecer. En ellas se sentía protegido. Tal vez alguno de sus antepasados había sido víctima de persecución y tortura. Presa de los cazadores de gatos, quemado en alguna plaza pública, torturado. ¿Quién lo puede saber?

Patricia Highsmith escribió cuentos en los que animales maltratados se vengan de los seres humanos. Andrew Wilson, su biógrafo, explicó, en relación con esos cuentos que, *"situando a los animales como sujetos, dando voz a sus pensamientos, Highsmith trastoca la tradición filosófica occidental que exalta el racionalismo del hombre"*. Ella tenía un gato llamado Ripley, en honor a su antihéroe psicópata del que escribió varios libros.

He leído también que *"solo los humanos pueden ser psicópatas. Los gatos pueden parecer impasibles en ocasiones, pero eso solo se debe a que expresan su emoción con las orejas y la cola, en vez de con el rostro. También expresan sus sentimientos por medio del ronroneo. Por lo general, ronronear es síntoma de que están contentos, pero no siempre: a veces, puede indicar angustia"*.

La misma escritora afirmó que *"los gatos aportan algo a los escritores que los humanos no pueden aportarles: una compañía que no exige nada ni importuna, y que es tan reposada y siempre cambiante como un mar en calma que apenas se mueve"*. Estoy de acuerdo con ella. Algunos de mis textos (poesía, relato o novela) los he escrito con alguno de mis gatitos sobre el regazo o sentado delante del teclado.

Mary Gaitskill en su ensayo titulado *Lost Cat (Gato perdido)* habla de la diferencia entre el amor de dos personas y el amor de una persona y su gato, de los defectos del primero que no están en el segundo. Afirma: *"El amor entre una persona y un animal carece de esos defectos, y por eso perderlo puede ser más devastador que poner fin a un amor puramente humano"*. Comprendo perfectamente estas palabras. Muchas personas no son capaces de entender el sufrimiento que produce la pérdida de un gatito al que has cuidado, querido, hablado, acariciado. Suelen decir:

Pero si es solo un gato, nada más que un gato. Ni que se hubiese muerto tu padre...

Cierto, es verdad, era nada más y nada menos que un gato, un amor de gato, una alegría de gato, una compañía de gato, un lenguaje misterioso de gato, una maravillosa criatura que ha vivido toda su vida a mi lado, al que he querido, respetado y admirado, ¿por qué tendría que sufrir cuando desaparece de mi vida?

CURRRITA. LA GATITA VALIENTE

Currita era pequeña, vivaracha, cazadora, despierta y defensora de sus hermanos. Ella no le tenía miedo a nada. Podía enfrentarse a un perro gigante y salir indemne. Era capaz de atraer a moscas, mosquitos, lagartijas y otros animalitos del jardín, realizando un sonido de castañeteo con los dientes, que suena similar al de una serpiente. Ese sonido, producía en sus víctimas hipnosis y, por alguna razón que me parecía mágica, se acercaban sin más, entonces Currita sacaba una especie de lengua bífida, viscoelástica y retráctil, como si fuese un anfibio, y les atrapaba sin luchar. Lo más curioso era observar que ese castañeteo era diferente en función de la presa que quería conseguir: topito, ratón, lagartija... Era absolutamente sorprendente verla atraer a mosquitos y moscas para que volasen directamente a su boca. Sí, aunque pueda parecer difícil de creer sucedía tal como lo cuento: veía una mosca volando, comenzaba a castañetear los dientes de manera particular, y la mosca se acercaba a ella como hipnotizada por la extraordinaria capacidad mental de nuestra diminuta gatita. Ese era su final.

Recuerdo la primera vez que la vimos en acción. Había entrado en nuestro hogar una lagartija (lo normal en las casas con jardín), nosotros fuimos incapaces de encontrarla. No la buscábamos con intención de matarla, sino de devolverla al jardín. Currita comenzó a practicar su magia y en un segundo la encontró y la partió en dos. No pudimos ver cómo lo hizo. Solo vimos a la lagartija moviendo el cuerpo por un lado y la cola por otro. Miguel la rescató y la llevó al fondo del jardín, esperando que la disección se hubiese practicado en un disco cartilaginoso que tienen los vertebrados para permitir la amputación. Y que, siendo así, la indefensa lagartija volviese a recuperar su cola.

Nuestra pequeña asesina, no dejó de practicar su deporte favorito: aterrorizar a todos los seres vivos del jardín, cazar algunos y traérnoslos como obsequio a nosotros. En aquella época era normal encontrar en el porche, incluso dentro de casa, la cabeza pequeña de un pajarito, de un ratoncillo, de un topito. Nunca le faltó comida, ella cazaba por instinto.

Podemos decir que Currita cazaba porque podía, formaba parte de su ADN, estaba dotada de unos dientes afilados, tenía la velocidad del rayo, una vista excelente (incluso de noche) y una sorprendente capacidad auditiva. Además de sigilo, rapidez, potencia y estrategia impresionantes. Por si fuera poco, tenía programada en su mente el instinto cazador desde siempre y por siempre. Para ella, cazar era tan natural como comer o dormir.

Cuando nos dejaba regalos aterradores: como una rata muerta, un topito, incluso trozos de carne con plumas; o cuando se desprendía de la presa y la dejaba a nuestro lado, era porque nos quería hacer un regalo, una muestra de cariño, una manifestación clara de que éramos su familia y nos quería alimentar bien.

El veterinario nos dijo que no podíamos hacer nada para cambiar la situación:

Los gatos son cazadores y carnívoros -afirmó- *debéis acostumbraros a eso y recibirlo con alegría.*

Escribí en las redes sociales sobre el tema y casi todos los comentarios fueron en la misma dirección. Katy Parra, gran poeta, amiga y una maravillosa *gata de buena familia*, me tranquilizó: *está en su naturaleza, acéptala como es*, dijo. Hubo alguien que afirmó que lo peor sería que nuestra gatita se infectara de alguno de los parásitos que hospedan las lagartijas. Además, estas infecciones son asintomáticas y cuando se detectan son mortales. La preocupación por su salud no nos abandonaría nunca. Ella no estaba dispuesta a prescindir de sus costumbres cazadoras y nosotros de sorprendernos. ¿Qué podíamos hacer?: nada.

Decidimos que no era cosa de estar preocupados por

ella todo el tiempo. Debíamos aprender de Currita, disfrutar de su compañía, agradecer sus regalos, quererla mucho, y no pensar tanto en lo que podía pasar sino en lo que estaba pasando que era muy hermoso: aprender a ser felices a su lado.

¡SOCORRO!

Ya lo he comentado, pero no me canso de decirlo. Currita no solo nos traía regalos. Cazaba sin pudor alguno delante de mí. Recuerdo una preciosa tarde de primavera, sentada entre sol y sombra en el jardín, leyendo un magnífico libro de poemas. Currita se colocó en mi regazo, pero estaba inquieta, apenas duró en esa posición un par de minutos.

Creo que distrajo su atención un pájaro que revoloteaba junto al pequeño estanque, bajaba a beber, volvía a subirse a los cables de la luz (nunca he comprendido por qué los pájaros no se electrocutan subidos ahí; a veces hay varios, piando, tarareando una bonita y bucólica canción campestre).

Leer poesía inmersa en este paisaje puede resultar muy gratificante, mucho, hasta que tu gatita querida, de pronto da un salto de gigante y atrapa a uno de esos pájaros en vuelo. Los otros, naturalmente, emprenden la huida entonando sonidos incomprensibles. No cantan, parecen llorar o pedir socorro en su lenguaje *pajaritín*. He leído en algún lugar, que su lenguaje es místico, divino, mítico. No sé si será así, lo que sé es que aquel revoloteo de pájaros huyendo de mi pequeña gatita asesina tuvo la virtud de sorprenderme y sacarme del lugar al que me había llevado la poesía de Juana Castro. Justo en ese momento comenzaba a leer su poema *Penélope. Kabul*[3]: *"Pajarillo enjaulado, me han quitado los ojos / y tengo una cuadrícula / calcada sobre el mundo. / Ni mi propio sudor me pertenece".*

El poema tiene un comienzo triste, de pájaro prisionero. La realidad que vislumbro es aún más triste. Currita atrapando a un ave en pleno vuelo, a una altura inimaginable. Lo tiene debajo de su cuerpo. No está preocupada. Incluso se permite el lujo de seducir a una mosca en vuelo sin dejar de apretar al pobre pajarito. Me quedo paralizada, ¿qué puedo hacer? Espero. Tras unos segundos que se me antojan horas, ella se levanta del empolle, me mira, coge al pobre pajarito cadáver y me lo coloca a los pies. Luego da un salto y se sube a mis piernas quedando en la misma posición que estaba antes de cometer el crimen. Se duerme.

Lo pienso, lo escribo, lo coloco en las redes sociales:

---

3 De Juana Castro, en El extranjero, Rialp, Madrid 2000

Una gatita asesina pasea por mi jardín. Caza, pájaros en vuelo, ratas, gusanos, y a mí me preocupa. No comprendo por qué quiere ser así.

Tiene comida en mi casa. ¿Su hambre no tiene fin? Come todo lo que puede, es insaciable y ahí me quedo ya sin palabras, no sé qué puedo decir.

Es cariñosa, es muy guapa, es lista, es un potosí. Cuando caza se transforma: mata a un pobre colibrí, lo desmiembra y se lo come. No hay nada qué hacer al fin.

¡Madre del amor hermoso! Quiero cambiarla y ahí me he quedado sin recursos. Desde que la conocí busco formas de educarla. ¿Se te ocurre algo a ti?

Sí, lo sé, poesía ripiosa, tal vez. Es lo que hay.

Ella duerme y se agita, ¿tiene sueños infelices?, aunque a veces me parecen pesadillas, porque tiembla, se mueve, ronronea y se tapa la cara con las manos.

Yo la miro y sonrío, la acaricio despacio hasta que logro tranquilizar su aparente tristeza. Me mira fijamente, y siento cómo vibra su cuerpo entre mis dedos.

¿Quién dijo que no pueden emocionarse y llorar los gatos?, yo la he visto sollozar, he enjugado sus lágrimas y he besado su frente.

Por eso nunca digas que una gatita alegre y cariñosa no produce emoción, que no me busca siempre sin ningún egoísmo, incluso aunque no tenga deseos de comer.

Yo sabía cuánto la quería y, estaba segura, de que ella me quería a mí, pero ver en directo esa representación de su cariño gatuno, me producía un tremendo desasosiego. Y es que, del dicho al hecho hay mucho trecho. Miedo me dio verla actuar. ¿Debo aprender a convivir con algo así?

¿ESTARÁ PREÑADA?

Currita había engordado mucho y nosotros nos preguntábamos si estaría preñada. Y en caso de ser así ¿quién sería el padre?, ¿uno de sus hermanos?, ¿alguno de sus múltiples rondadores?, ¿un flirteo con roce en alguna de las noches locas que solía practicar.

No, no podía ser, había engordado de tanto comer todo lo que cazaba, además de la comida que le dábamos nosotros. Currita era demasiado pequeña para estar ya encinta.

Sabíamos, lo habíamos leído por ahí, que los gatos se reproducen con rapidez y facilidad. Con todo lo que leíamos acerca de ellos, al parecer, no habíamos aprendido nada. No fuimos capaces de identificar los signos del celo. Por lo leído sabíamos que las gatas son *poliéstricas estacionales*, lo que significa que tienen varios ciclos en su época fértil, que suele ser en primavera-verano. Claro que eso es cuando viven en la calle, si viven en casa, o entran y salen como nuestra gatita, ciclan a lo largo de todo el año.

Observamos su comportamiento y descubrimos que nuestra gatita presentaba todos los síntomas que habíamos leído para las gatas en celo: maullaba más de lo normal, frotaba su cabeza y su cuello contra nosotros, sobre todo contra Miguel (imagino que sería por las hormonas masculinas, feromonas) *hacía la croqueta* continuamente, se ponía con el culo en pompa, lo que se llama *lordosis*, como si quisiera que un gato la montase.

Hay mucho material interesante en las redes si se quiere profundizar en este tema: fases por las que atraviesa una gata en celo, cómo saber que está preñada, etc.

No es eso lo que quiero contar ahora... Soy amante de los gatos, interesada por su salud y bienestar y, por eso, sin más preámbulos, llevamos a Currita al veterinario.

Pues sí, efectivamente, esta gatita está preñada.

¡Pero si es muy pequeña! - dije yo, un poco asustada-, pensábamos que tenían que ser más adultas para quedar preñadas.

Lo habitual es entre siete y nueve meses para tener su primer celo.

¿Entonces?, ¡nuestra gatita solo tiene cuatro!

Se dan casos de adelanto del celo. Hay fatores que

incluyen en su aparición. Por ejemplo, la cantidad de luz solar que reciben es una de ellas.

¡Ah!, en el porche hay mucha luz solar. ¿Es posible que uno de sus hermanos sea el padre?

No lo creo, es muy raro que un gato macho pueda preñar a una gata si solo tiene cuatro meses. En ellos, como muy pronto, esa posibilidad puede adelantarse a los ocho meses, pero antes no.

Salimos contentos y tristes de la consulta. Contentos porque, en cierto modo, ahora sabíamos que el embarazo de Currita no era fruto de un incesto. Tristes porque era una pena que estuviese preñada siendo tan pequeñaja, de edad y de tamaño.

No había vuelta atrás, nuestra querida gatita, con solo cuatro meses de vida, iba a ser mamá. ¿Sería capaz de desarrollar su papel tan bien como lo había hecho Andrea? Tendríamos que ayudarla en todo momento.

Aunque ellos no hubiesen tenido nada que ver en el embarazo de su hermana, decidimos que era importante castrarlos, para evitar sorpresas. Y luego, cuando tuviese a sus crías, esterilizarla también a ella. Tal vez suene cruel, pero es necesario.

Al enterarse de que Currita estaba preñada, familiares y amigos se interesaron por tener uno de los gatitos que naciesen de ella. Dijimos que sí. Esperábamos que no se volviesen atrás como la otra vez. Teníamos cuatro gatos (porque Andrea aún estaba con nosotros), no podíamos tener más. Hicimos una lista de espera. Les dijimos, eso sí, que no les daríamos a los gatitos hasta que terminase el periodo de lactancia, que viene a ser de unas cuatro semanas.

UNA GATITA FELIZ

Currita se portó como una jabata durante el embarazo. No abandonaba el comedero. Aumentó más aún de peso. Andaba con dificultad. Permitía nuestras caricias siempre que no le tocásemos la tripita.

Comenzamos a darle mimos, regalitos, chuches. Ella lo recibía todo con aparente agradecimiento. Pusimos a su disposición una caja de cartón no muy alta. Le gustó mucho. Pasaba bastante tiempo en su interior. Compramos una cama-cueva de cuadros rojos y azules, muy bonita, para nosotros, porque ella prefería la caja, y cuando utilizaba la cama no se metía dentro. El primer día la aplastó y luego, en todo caso, dormía encima de esa especie de almohada-revoltijo en que había convertido el flamante lecho gatuno con tejadito y rebosante de colores.

Sus hermanos la ayudaron mucho, pero ella no permitía que se la acercasen. Juntos sí, pero no revueltos.

Comer, beber, cazar alguna que otra mosca, y sobre todo dormir. Se pasaba parte del día durmiendo, en posición fetal, protegiendo con esmero su tripita. Bueno... tripita, tripita no era, más bien tripaza. Se puso deforme: ella tan pequeñita y su tripa tan grande. No recordaba que Andrea hubiese engordado tanto. Tal vez en Currita se notase más porque era muy pequeñita.

Miguel y yo no sabíamos qué hacer para que estuviese a gusto, sin peligro alguno. Acondicionamos la casa, el porche, la caseta. Limpiamos, compramos pienso especial para gatas preñadas. Nos costó encontrarlo. He podido comprobar que ahora es más fácil conseguirlo. El tema ha evolucionado mucho últimamente. Bueno, según leo en algunos libros escritos por especialistas en la materia, la vida doméstica de los gatos ha evolucionado mucho en las tres últimas décadas, justo el tiempo que hace que nosotros convivimos con felinos. Ellos y ellas han cambiado, pero las familias de acogida también, y mucho. No puedo asegurar que esos cambios estén siendo para bien. No tengo criterio suficiente para valorarlo.

Es cierto que Miguel y yo hemos cambiado gracias a nuestros gatos y gatas. La alegría de convivir con ellos y ellas es una constante. La reflexión, el método, la comprensión, son algunos ejemplos de valores al alza. También, ahora, somos menos posesivos con nuestros gatitos.

Como os contaré en los últimos capítulos, Andrea vivió siempre con nosotros, dentro de nuestra casa. Era una especie de secuestro feliz, al menos para nosotros, ¿pensaría ella lo mismo?, apenas salía al jardín. Bueno, en realidad no la sacábamos, ella no lo pedía y nosotros teníamos miedo de que la pasase algo malo... Algo malo ¿en el jardín? Solo aquella vez que se subió a un árbol y no podía bajar. Éramos nosotros los que la necesitábamos siempre cerca. Ella, simplemente se acostumbró a vivir esa vida.

Ahora, nuestros gatitos, Blacky y Cata, viven entre el porche, la caseta y el jardín. Incluso, en ocasiones, se dan un garbeo fuera del jardín, sobre todo él, que es el más curioso. Ya os contaré su vida y milagros.

Currita no dejó de cazar durante su preñez, simplemente cazaba piezas más pequeñas, que no exigieran dar saltos muy altos. Se cuidaba mucho cuando subía a algún sitio, ya fuese sofá, silla, mesa...

No recuerdo haberla visto subir al tejado, bueno subir a los dos tejados ni a los árboles. Sin embargo, no perdió ni un ápice de su postura aguerrida, defensora de sus hermanos, de su lugar de reposo, de su bebida y comida.

Creo que Johnny y Jimmy observaban mucho a su hermana por aquel tiempo, parecían notar que algo había

cambiado en ella. La miraban, se acercaban, la intentaban chupar. Ella, la mayoría de las veces, no lo consentía.
Lo que más nos sorprendió es que rechazase a Jimmy,
ellos dos habían estado siempre muy juntos. Nunca supimos explicar por qué.

Recordamos el parto de Andrea y nos dispusimos a
esperar acontecimientos como dos científicos aficiona-
dos. ¿Qué podría pasar?

NACIERON TRES

Los humanos nacemos tras nueve meses de embarazo. Currita se puso de parto tras nueve semanas. Es-
tuvimos muy pendientes porque habíamos leído que no
debe alargarse más de setenta y dos días. Si fuese así
habría que avisar al veterinario.

Las últimas horas, Currita estuvo muy ajetreada. Sabíamos que ella misma prepararía su paritorio, por ello,
dejamos en el porche algunas telas, papel, y diferentes
productos que consideramos que podría resultarle de
utilidad para prepararlo todo,

Y así fue, un día, cuando nos levantamos por la mañana, fuimos al porche y la encontramos muy bien acompañada por tres gatitos minúsculos. Eran como renacuajos.
Ella estaba tumbada en el sofá, y los tres gatitos mama-

ban sin parar. La primera vez, al vernos, nos bufó. De esa forma nos avisaba de que ni se nos ocurriera acercarnos.

De todas formas, entramos, como siempre, a asear la arena, poner más comida y agua, y buscar por allí los restos del acontecimiento. No encontramos absolutamente nada. Todo estaba limpio. Habían desaparecido algunos de los trapos. Pensamos entonces que, tal vez, no había parido allí, sino en la caseta. Miramos dentro y, efectivamente, perfectamente escondida, estaba una especie de cama singular, construida por ella. Limpia, ordenada, caliente, y un poco húmeda. Llegamos a la conclusión de que Currita había parido allí, y tras el parto, trasladó a sus crías al sofá del porche. No escuchamos nada entre la noche. Sabemos, porque lo hemos leído y lo vimos con Andrea, que ella habría limpiado a los gatitos tras cada parto, incluso les habría ido dando de mamar mientras seguía pariendo. Las hembras gatunas son multitarea: paren, cortan el cordón umbilical, se comen la placenta, limpian a sus crías, las ponen a mamar... Y así una y otra vez, hasta que nace el último gatito.

Tras el afortunado evento, comunicamos la noticia a los tres candidatos que teníamos en la lista: Gustavo, Matil y Emilio. Se pusieron muy contentos. Vinieron a visitarlos, querían darles abrazos, pero la madre no se lo consintió. Solo estaba permitido mirar, desde fuera del porche, a través del cristal.

Los tres gatitos de Currita tenían algunas características peculiares que no tuvo ella ni sus dos hermanos: eran bizcos (lo que se relaciona con el albinismo y puede causar estrabismo); tenía la cola cortita, torcida y doblada al final. Por lo que sé, son mutaciones que se producen al cruzarse diferentes razas de gatos; es parecido a lo que suelen hacer los gatitos cuando están contentos: ponen la cola bien erguida hacia arriba y doblan un poco la punta. Eso suelen ser signos evidentes de que están felices y quieren jugar. Las tres pulguitas traían la felicidad y el deseo de jugar de serie.

Nuestra mamá guerrera se recuperaba con rapidez del parto. Amantaba a sus cachorros con dedicación. Los aseaba, los movía de un lugar a otro, los chupaba y, en ocasiones, los escondía detrás de su cuerpo diminuto.

Mientras los bebés crecían, Miguel y yo consideramos que era el momento para castrar a Johnny y Jimmy.

En el caso de los felinos machos, le esterilización es sencilla, nos dijo el veterinario.

Estos gatos ya tienen casi siete meses ¿es posible esterilizarlos? -preguntamos.

Sí, la mejor edad para esterilizar a un felino macho es entre los cinco y los siete meses.

Y... ¿cómo es la operación?

Sencilla. No deben preocuparse. Se practica una pequeña incisión en los testículos y se les extirpa las glándulas sexuales. De esta forma se reducen al mínimo la producción de hormonas que imposibilita que el animal se reproduzca en el futuro.

Es decir -pregunté yo-, ¿qué, cuando lleguen a su edad fértil, estos dos gatitos, aunque monten a su hermana, no la podrán dejar preñada?

Todo resultó más fácil de lo que habíamos pensado. Nos llevamos a casa a nuestros gatitos, les dejamos en el porche, y punto final.

¿Y CURRITA QUÉ?

Ella también tenía que pasar por el proceso de esterilización, de eso estábamos seguros. Yo, en ocasiones, tenía dudas. Me daba pena someterla a una operación para evitar que trajese más gatitos a nuestra casa, al mundo, al pueblo en el que vivíamos y seguimos viviendo. Pero las cosas son como son, no como a mí me gustaría que fuesen.

Currita había sido madre con cuatro meses de vida. No podíamos convertirla en una reproductora de gatitos para siempre. Lo más sensato era someterla al proceso de esterilización, que en este caso no era tan fácil como el que vivieron sus hermanos.

El veterinario se había convertido en nuestro confesor en la religión gatuna. No sé cuántas veces lo visitamos, con dudas, preguntas, vacilaciones...

La esterilización en una gatita como esta consiste en extraer los ovarios y el útero. Haciendo una pequeña incisión.

¿Es doloroso? – pregunté yo.

Bueno, tenemos que anestesiarla. Ella no sentirá nada. Eso seguro. Es lo que llamamos en términos científicos practicar una ovariohisterectomía.

Menudo nombre, suena muy doloroso.

Pues no lo es. Lo sería si se realizase en vivo, sin dormir a la gata.

Es que... no sé, no lo tengo claro -dije yo.

¡Cómo que no lo tienes claro! -dijo Miguel – hemos venido porque los dos pensábamos que era lo mejor para ella.

Piénselo, aún estamos a tiempo.

¿Qué quiere decir?

Que si no lo hacen puede que en un par de meses vuelva a estar preñada.

¿Tan rápido?

No lo pensamos más, dejamos en el veterinario a Currita y nos marchamos a casa. Los gatitos estaban allí, comiendo con tranquilidad. Su madre los había destetado ya. Era el momento oportuno para que sus familias de acogida los trasladasen a sus casas.

Gustavo se llevó a Curro ese mismo día. Matil también se llevó al suyo (no sé qué nombre le puso) y el tercero se marchó a Mingorría (Ávila) el pueblo de Emilio y mío. Sí, efectivamente, yo nací allí, hace muchos, muchos años. Llevo casi cincuenta viviendo en Cantabria. Suelo decir que soy una amapola trasplantada al mar.

Currita estuvo ocho horas sin tomar comida y cuatro sin beber agua, antes de la operación. Menos mal que estaba en el veterinario, nosotros no habríamos podido apartarla del agua y la comida.

Cuando fuimos a buscar a nuestra gatita, el veterinario nos dijo que había sido un poco rebelde, sobre todo al principio, pero que luego se había portado muy bien.

Cuando nos vio, se puso contenta. Nos miró, levantó la cola, y la movió como saludo. La tomé en mis brazos y sentí su ronroneo. Miguel se acercó a nosotras. Los tres nos abrazamos con mucha ternura.

Quiero que sepan -dijo el veterinario- *que con la castración que practiqué a los hermanos de Currita, se redu-*

ce la probabilidad de contagio del FIV (virus de la inmu-
nodeficiencia felina), que no tiene cura.

¿Y con la esterilización de ella? -pregunté yo, que soy
incorregible preguntando.

Se reduce la aparición de tumores mamarios, con un
elevado porcentaje de malignidad. Son de evolución muy
rápida y podrían provocar metástasis.

Pagamos, nos llevamos a nuestra linda gatita, y nos
fuimos a casa más tranquilos, ¿habíamos hecho lo que
teníamos que hacer? Tal vez sí y tal vez no, quien sabe.
Nuestra única verdad es que hicimos lo que nos pareció
mejor de todas las opciones posibles. Con la ilusión de
que eso fuese lo preferible para ellos y para nosotros.

SUCEDIÓ DE REPENTE

Currita parecía tener siempre la misma edad: alegre,
caprichosa, ágil, juguetona, feliz.

Al principio echó de menos a sus gatitos, pero se le
pasó enseguida. Se consolaba con sus hermanos. Incluso, en una ocasión, descubrimos que Jimmy la estaba
montando. Nos sorprendió mucho. De nuevo el veterinario es el que nos sacó de dudas.

Sí, es posible que algunos gatos machos sientan deseos de montar a una hembra, a pesar de estar castrados.

¿Puede dejarla preñada?

No, es posible que lo haga por estrés. Incluso, a veces, pueden intentar montar la pierna de su amo, una almohada, una manta...Claro, que habría que descartar que tenga problemas de salud.

No, nuestro gatito de peluche no tenía ningún problema de salud. Lo practicaba como un juego, a demanda de su hermana. Ella había conocido las sensaciones de la monta y quería revivirlas. Ya no se iba por los tejados a buscar pareja, la tenía en casa. A Johnny no le vimos nunca montar a Currita. La abrazaba, la lamía, la miraba con cariño, pero no la montaba.

Teniendo gatos en casa una va de sorpresa en sorpresa, de pinto a pinto gorgorito.

No vimos nada raro en su comportamiento, seguía siendo ella, salía al jardín, comía, bebía, dormía. Tal vez más que antes, pero nada fuera de lo normal.

Un día vi cómo salía al jardín, paseando por el caminito de piedras (como siempre) pero más despacio. Se paró de golpe, y se derrumbó. Fui corriendo a su lado, la tomé en brazos y llamé a Miguel.

No sé por qué, supe, casi de inmediato, que se estaba

despidiendo de la vida. La metimos en casa, la acariciamos, intentamos reanimarla. No respondía. No estaba muerta, solo era incapaz de comunicarse con nosotros.

Acerqué mi oído a su corazoncito. Noté un ligerísimo ronroneo. Abrió los ojos. Una telilla blanca los cubría. Poco a poco esa telilla fue ocultándose y sus preciosos ojos volvieron a brillar un instante.

Llamamos al veterinario, era domingo, no conseguimos dar con él. La coloqué confortablemente en mi regazo, la besé, la abracé, la hablé con las palabras que en ese momento salían de mi corazón. Recordé a Andrea. No, ella no estaba fría, seguía teniendo temperatura corporal. No estaba tan caliente como antes, pero su calor era bastante normal.

Reaccionó a mis caricias, a mis masajes. Bebió un poco de agua y saltó al suelo. Comenzó a andar despacio, con la cola erguida y juguetona.

Me senté en el suelo, a su lado. Me miró y siguió caminando. Dio tres o cuatro pisadas y se paró. Me acerqué más a ella. Volvió a mirarnos, Miguel estaba sentado a nuestro lado.

Currita se está despidiendo de nosotros. No va a salir de esta.

Pero si no ha estado nunca enferma. Tiene todas las

vacunas habidas y por haber. Y no es tan mayor.

Ya, lo sé, Johnny era de su edad y ya hace dos años que nos dejó.

Lo sé, pero él tenía muchos problemas.

Nos quedamos pensando, mirando a Currita. Ella nos miraba a nosotros, primero a una y luego al otro.

No pude esperar más, la tomé en mis brazos, la puse muy cerca de mi corazón y la hablé al oído como había hecho con Andrea, como hice con mi Madre. No sé cuánto tiempo pasamos así.

Miguel me dio en el hombre y dijo:

Déjalo, cari, Currita ya no está con nosotros.

Era verdad, había notado su descenso de temperatura y luego su rápida subida. Apenas pesaba algo, su cuerpo era como un suspiro, y ella un pajarito precioso. La queríamos mucho, y ella lo supo. Eso fue suficiente. No podíamos hacer más.

JIMMY. EL GATITO FELIZ

El tercer hijo de Andrea era de una deliciosa belleza. Cariñoso, amable, divertido, juguetón. Se dejaba abrazar con facilidad por familiares y amistades. Era como un muñequito de peluche.

Nuestra nieta, María, jugaba con él desde el primer día que lo vio. Se dejaba coger, abrazar, apachurrar... sin ninguna protesta. Todo lo contrario, parecía disfrutar a su lado.

Y es que Jimmy era el gatito de María. Bueno, en realidad, María era la gatita de Jimmy, seguro que ya no os sorprende, ¿o sí? Creo que os sorprende, no lo podéis negar. Sobre todo, si no tenéis gatos en vuestra casa. Quienes los tienen saben que es cierto.

Hay algo importante que debemos conocer sobre los gatos: ellos piensan que nosotros, todos nosotros, somos gatos (eso también os lo he contado), unos gatos muy grandes, enormes, unos gatos que no tienen ni idea de nada. Cuando nos aceptan en su manada, debemos asumir que ese gatito encantador que está a nuestro lado, es el jefe.

Nadie puede tener un gato. Son ellos los que nos tienen a nosotros. Son ellos los que eligen. Cada gatito elige a una persona y es a esa a la que quiere más, a la que obedece más, a la que echan más de menos cuando no está.

Como ya sabéis, en aquella época, teníamos cuatro felinos: dos gatitas (Andrea y Currita) y dos gatitos (Johnny y Jimmy). Los 4 vivían en nuestra casa, en su porche, en nuestro jardín. Eran estupendos, los queríamos mucho, mucho y ellos también nos querían a nosotros... o eso nos gustaba creer. Eran parte de nuestra familia.

Jimmy, desde que vio a María, nuestra nieta, la eligió. María fue de Jimmy desde entonces, era su gatita y cuando la veía hacía todo lo que ella decía.

Lo sabéis y lo *requetesabeis*, lo cuento una y otra vez: Andrea era la madre de tres gatitos, como ella, siameses. Yo soy la gata de Andrea y ella es mi gatita. También adoptó a Miguel. Miguel y Nieves, los dos fuimos sus gatos grandes y tontos. Siempre que estábamos en casa quería estar con nosotros, muy cerca de nosotros.

Jimmy también nos quería a los dos, pero, sobre todo, a Miguel. Hablaba con él, se sentaba en su regazo.

Miguel leía el periódico y movía mucho las piernas, por eso, Jimmy le pedía permiso y se venía conmigo. Yo apenas las movía y él podía dormir tranquilo. Sí, habéis leído bien: pedía permiso. ¿Cómo? Ya os lo contaré.

Cuando me ronroneaba decía que me quería mucho. Otras veces me mochaba, golpeaba mi frente con la suya, y de esa forma me marcaba como de su propiedad. En ocasiones, amasaba mi costado con sus patitas delanteras. Así me convertía en su madre. Acariciarlo, besarlo, apretarlo suavemente contra mi pecho, era muy gozoso. Él se dejaba hacer, me miraba, abría y cerraba los ojos. Yo intentaba imitarlo y notaba como su corazón y el mío se aceleraban.

Los gatos, cuando maúllan también dicen cosas. Y nos las dicen a nosotros, los gatos grandes, las personas. Porque los gatos no maúllan entre ellos.

Por ejemplo, cuando dicen: *Miaaaaaaaaaaaaau* significa que buscan cariño. *Miiiiiiiiiiiiiiiiau* que tienen hambre y no hay comida en su comedero y *Miauuuuuuuuu:* necesitan hacer pis y su arenero no está limpio.

No solo Jimmy, todos los gatitos y gatitas son muy, muy limpios. Se lavan continuamente. Y les gusta hacer sus necesidades en un lugar aseado, en el que haya tierra abundante o piedrecitas pequeñas.

Los gatos, como los seres humanos, necesitan cariño y cuidado. Sólo las personas que estén dispuestas a dárselo deben tener gatos en su casa.

UN VIAJE EN CARRICOCHE

No había nada más hermoso e hipnotizador, que ver a María jugar con Jimmy, y a Jimmy jugar con María, claro. Juntos formaban una pareja encantadora. Y empleo la palabra encantadora, a propósito, en el sentido que apunta el Diccionario de la Real Academia Española de la Lengua, en la segunda acepción del término:

encantador, ra

Del lat. tardío *incantātor*, *-ōris*.

2. adj. Que encanta o hace encantamientos. U. t. c. s.

Sin.: mago, brujo, hechicero, alquimista, agorero, hipnotizador, cabalista, brujero

Si miras de nuevo en el diccionario, clicando sobre ese 1 que acompaña a la palabra mago (uno de los sinónimos), encontrarás lo siguiente:

mago, ga

Del lat. *magus*, y este del gr. μάγος *mágos*.

1. m. y f. Persona que practica la magia.

Sin.: ilusionista, prestidigitador, encantador, hechicera, brujo, taumaturgo, nigromante, pitoniso, adivino, sibila, vidente, mágico, brujero.

Y es que los sinónimos no dejan lugar a dudas: nuestro gatito era ilusionista, hechicero mágico, adivino...

Protagonistas de leyendas y supersticiones; pobladores de diversas mitologías, los gatos tienen un inmenso catálogo de bulos, fake news y lugares que les colocan en las historias más escalofriantes y mágicas que alguien pueda imaginar. Sobre todo, si son negros.

Más adelante, cuando cuente la historia de Blacky, nuestro maravilloso gatito negro, quiero profundizar en todo esto. Es alucinante. En este capítulo solo diré que Jimmy, acompañado de María, la maravillosa gatita humana, eran capaces de hablar, entenderse, jugar y darse cariño mutuamente. Verlo producía en mi mente una especia de alegre relajación con efectos terapéuticos.

La capacidad de Jimmy para adivinar lo que quería hacer María traspasaba todas las leyes de la ciencia gatuna. Y el lenguaje singular que María utilizaba hablando con él, no era comprensible por nadie más.

María montaba a Jimmy en un carricoche antiguo, que, en épocas lejanas, pero no mucho, estaba previsto utilizar para pasear muñecas. Las niñas, como aprendizaje para la maternidad, que, como todo el mundo sabe, es el mejor, casi único, destino de las mujeres como dios manda: de misa diaria, confesión y comunión, obediencia al marido y otras lindezas por el estilo. Pues eso, que, para aprender a ser mamás, las niñas jugábamos con muñequitas, y las paseábamos en carricoches, más o menos hermosos en función de la clase social a la que perteneciese nuestra familia.

Debo confesar y confieso que yo nunca tuve uno tan bonito como este. Tampoco tuve una Mariquita Pérez, demasiado cara para los reyes que dejaban regalos en mis zapatos. Debe ser por eso que luego, cuando fui mayor, me la regaló Miguel y me hizo mucha ilusión, no lo puedo negar.

Yo no paseé nunca a una muñeca en su carricoche. Mi nieta tuvo más suerte, paseó a un gatito en uno precioso, clásico, bien conservado. Y haciéndolo no trataba de formarse como una buena esposa y madre cristiana, sino como una mujer amante de los gatitos, comprensiva con ellos, incapaz de hacerlos daño, tirarlos al río o quemarlos vivos, como a las brujas.

Sí, claro, ya sé, tal vez me esté pasando con estos comentarios que tú, que lo estás leyendo, puedes considerar fuera de lugar. Pero, qué quieres que te diga, cada vez me voy pareciendo más a mis gatitos: tengo plena libertad para decir y hacer lo que me venga en gana, sin producirle nada malo a nadie, de pensamiento, obra, u omisión, como solía repetir el cura del pueblo.

Mi devoción por Jimmy fue en aumento: tenía unas garras enormes y nunca arañaba; unos dientes bien afilados y nunca mordía; una libertad absoluta y elegía quedarse con nosotros. Era capaz de aguantar los caprichos de una niña de menos de tres años sin rechistar y con una sonrisa. ¿Se le puede pedir más a un gato? Nuestro gatito era vidente, adivino, nigromante y feliz, a pesar de todo.

ESTE GATO ME CHUPA LA OREJA

A Jimmy le gustaba mucho lamer la oreja de Miguel. Lo practicaba, incluso, para pedirle permiso. Por ejemplo: cuando estaba con él y quería venir conmigo, lo miraba, le chupaba la oreja y venía a mi lado.

Chuparle la oreja era una clara manifestación de cariño y una fórmula eficaz para pedir permiso. Lo sabíamos a ciencia incierta porque era una práctica cotidiana. Cuando Jimmy estaba con Miguel, intentando que dejase el libro o el periódico que estaba leyendo, sin conseguirlo, y comenzaba a chuparle la oreja, sabíamos que, acto seguido, vendría a mi regazo a pedir asilo para dormir a pierna suelta sin sobresaltos.

No solo era una forma de pedir autorización, también era un saludo especial que Jimmy le dedicaba a Miguel, siempre a él, únicamente a él. Y él se sentía orgulloso de esos cariñosos chupetones. Una especie de besos húmedos, calientes y rasposos.

La primera vez que un gato me chupó las manos o la cara, me produjo una sensación rara, a caballo entre el dolor y el amor.

Pues sí, te lo voy a contar: los gatos tienen papilas, como nosotros, pero las suyas son muy diferentes a nuestras gustativas. Poseen una estructura muy compleja (lo es toda su anatomía). No las utilizan solo para degustar los alimentos, les sirven también para el aseo personal.

Tienen cientos de ellas, con forma de espinas carnosas puntiagudas (por eso raspan tanto y son tan ásperas), todas orientadas en la misma dirección. Lo más curioso es que, cada una de ellas, tiene una cavidad con forma de U en la punta. Les sirve para almacenar saliva[4], (una cantidad similar a una gota de colirio, en cada una) que luego distribuyen a lengüetazos para poder asearse. Un estudio ha demostrado que cuando los gatos no se asean, aumenta en su cuerpo la cantidad de pulgas. Tras la higiene personal, los gatos sienten alivio, sobre todo si las papilas han podido penetrar en el pelo hasta la piel.

Esa lengua que a nosotros nos parece rasposa, incluso a alguien le puede parecer desagradable (a mí no, me encanta sentir como raspa) también les sirve para refrescarse y regular su temperatura corporal. Gracias a esas espinas pulposas, que contienen saliva en su inte-

─────────────

4 En cada una de esas espinas puede almacenar 4,1 µL, o lo que es igual: 4,1 millonésimas partes de un litro. 4 microlitros. Según el estudio Cats use hollow papillae to wick saliva into fur y publicado recientemente en la revista Proceedings of the National Academy of Sciences, estas finas estructuras desempeñan un papel clave en el aseo felino. El estudio ha servido para diseñar un cepillo inspirado en la lengua del gato.

rior, los gatos pueden asearse perfectamente. Según el estudio citado, *Sin estas papilas, la saliva en la superficie de la lengua solo mojaría la capa superior del pelaje, dejando intacto el interior.* Es como si limpiásemos la alfombra por la parte visible y no la limpiásemos por abajo. Leyendo el estudio, he pensado que los gatitos son ideales para practicar un lifting gratis. Miguel debe tener la oreja (la derecha, Jimmy siempre le chupa la derecha) más delgada, reluciente, libre de grasas innecesarias, preparada para revisión dermatológica. No cabe la más mínima duda: la lengua de los gatos es un instrumento multifuncional.

Me ha parecido un estudio muy curioso. Es técnico y tecnificado. Fruto de su lectura, he descubierto cantidad de maquinaría desconocida para mí (lo que no es novedad porque desconozco más cosas de las que sé), minucioso, detallista y de fácil comprensión. Han realizado infinidad de experimentos. Por ejemplo: han medido el tamaño de la lengua de diferentes especies de gatos y las propiedades de su pelaje, utilizando cámaras especiales, *videografía de alta velocidad, cinemática y fuerzas durante el cepillado.* No es que haya captado el cien por cien de las intenciones del estudio, sin embargo, ha sido gratificante saber que hay investigadores que se preocupan por conocer en profundidad a los felinos. No son muchos los estudios que se hacen sobre ellos. Por eso, cuando encuentro alguno interesante me detengo a leerlo. Ahora es muy fácil porque, aunque estén escritos en un idioma que no entiendo, puedo dar a una tecla y obtener de inmediato la traducción. Como se dice en el sainete lírico *La verbena de la Paloma* "*hoy las ciencias adelantan que es una barbaridad*". ¿Tendrá algo que ver el dinerito?

JIMMY VA AL JARDÍN DE INFANCIA

Jimmy y Blacky eran muy diferentes: distinta raza, otro color de pelo, ojos, forma de caminar... Se parecían en lo principal: su bondad. Los dos llegaron a este mundo con un carácter, una manera de relacionarse y de vivir la vida muy hermosa. Blacky es tan bueno como lo fue Jimmy: cariñoso, cercano, dulces, sociable, confiado. Ya os contaré sus hazañas, su vida y milagros. De él hablaré en el último capítulo de esta publicación.

Los gatos, todos los gatos, tienen algo en común: duermen mucho, pero eso ya lo sabes ¿no?, una media de 14 horas diarias, y cuando están despiertos emplean la cuarta parte de su tiempo en lamerse para asearse, refrescar el pelo que los cubre, eliminar las pulgas y otros habitantes molestos de su cuerpo. Jimmy, además, fue al jardín de infancia de mi nieta.

Como era muy sociable, le llevamos a la guardería de María. Niños y niñas, incluso la profesora, se volvieron locos al verlo entrar en clase. Él lo observaba todo con los ojos muy abiertos; su nariz olfateaba con denuedo el lugar, completamente desconocido para él. Nos miraba alternativamente a ella y a mí, como pidiendo explicaciones. La niña lo abrazó, lo acarició despacio, y habló con él en ese lenguaje mitad humano mitad felino que les acerca y que cumplió el efecto deseado: tranquilizarlo, incluirlo en el paisaje, darle seguridad.

Todas las manifestaciones de su cuerpo mostraban claramente que Jimmy se adaptó con rapidez a la nueva situación.

Organizamos la hora de clase de forma que todo el mundo pudiese acariciar al gatito, sin molestarlo, sin asustarlo, sin miedo para él, ni para los niños y las niñas presentes en la clase.

La profesora explicó que estábamos allí porque María quería presentarles a su gato.

Se llama Jimmy -dijo María- es cariñoso, bueno y es mi amigo. Lo quiero mucho y él también me quiere a mí.

¿Por qué sabes qué te quiere? -preguntó un niño-, ¿es que tu gato habla?

Sí, claro que habla, y jugamos a muchos juegos.

¿Vive en tu casa, contigo? -preguntó otro.

No, vive en la casa de mis yayos. Yo voy a verlo muchas veces. Y ya está.

Pues eso, *y ya está*, todo lo que se podía saber de nuestro gatito estaba sintetizado en esas pocas palabras de mi nieta.

Para la ocasión, yo había escrito un cuento con imágenes de todos nuestros gatitos. En él contaba sus aventuras gatunas. Les hablé de Andrea, Currita, Johnny y Jimmy, por supuesto.

Uno a uno, los niños y niñas de la clase se fueron acercando a él, por turnos, con cara de curiosidad.

Yo he visto por mi barrio a un señor que lleva a su gato de paseo. El gato no va andando, va subido a su espalda.

¿Te gustó verlo?

Sí, pero me dio miedo acercarme.

¿Te dan miedo los gatos?

Bueno... un poco, es que a mi hermana le arañó uno. Por eso...

No te preocupes, Jimmy es muy bueno, no araña, ni muerde. Pero si no te quieres acercar no te acerques, no es obligatorio.

El niño terminó acercándose. Lo acarició, le habló y le dijo a María que era muy suertuda por tener un gato tan cariñoso.

Jimmy parecía pensar:

Cuántos gatos hay aquí. ¿Por qué están tan callados? ¿Es que no saben jugar? Son muy cariñosos, demasiado cariñosos.

María estaba feliz, contando todas y cada una de las cosas que hacía su gatito querido: *en la casa de mis yayos hay un carrito en el que lo puedo llevar de paseo por el salón. Y, además, y, además, y, además...* La visita había resultado un éxito. Cuando llegó la hora de marcharnos, todos los niños nos despidieron felices.

SUPERMAN

Jimmy no era solo nuestro, era de todas las personas que pasaban por nuestra casa: ya fuesen familia, amistades, visitantes de corta o larga duración.

Eso no quería decir que quisiera a todo el mundo por igual. Tenía sus preferencias: comenzaban por María, seguían por Miguel, continuaban por mí y se extendían al universo entero.

Reunía en su personalidad las mejores características del gato siamés tradicional: sociable con las personas, tranquilo y afable. Disponía de una maravillosa capacidad y facilidad para adaptarse a la convivencia con personas, otros gatos, perros...

Siempre fue un placer compartir con él. Y a él parecía gustarle involucrarse con nosotros y con todos los habitantes de nuestro entorno, en cualquier actividad, evento, comida...

Miguel inventaba con él y para él juegos divertidos, estrambóticos, diferentes. Uno de ellos, el que más les gustaba a los dos, era Superman. La actividad consistía en una simulación de vuelo del superhéroe. Para conseguirlo, Miguel cogía a Jimmy con las dos manos, le subía lo más alto posible. Él extendía las cuatro patitas a un lado y otro de su cuerpo, ya estirado, formando una imagen singular.

Y cuando Miguel entonaba la música del superhombre, portando al *supergato* en alto, con la panza hacia arriba, al tiempo que caminaba, daba vueltas, sonreía..., los dos parecían disfrutar como niños jugando a su juego preferido.

Mientras escribo este acontecimiento que se repetía en nuestra casa varias veces al día, he recordado uno, anterior en el tiempo, que le sucedió a Gustavo, nuestro hijo, en el colegio.

La profesora mandó a su alumnado que pintasen algo sorprendente que sucedía en la ciudad. Algo que llamase la atención de todos sus habitantes, que les sorprendiese incluso a ellos.

Niños y niñas pintaron lo que veían por la televisión, sobre todo a Clark Kent volando con su capa por los tejados de una ciudad imaginaria.

Gustavo dibujó algo diferente, muy original, diría yo. Un producto nacido de su imaginación.

¿Qué es esto? -preguntó la profesora, con gesto serio, como si estuviese enfadada, a punto de reprenderlo duramente- ¿crees que un coche es un producto sorprendente? Pero si la ciudad está llena de coches...

Yo, es que, yo... -titubeó Gustavo.

¡Explícate! -rugió la profesora mientras la clase reía sin parar- Dime, ¿qué has pintado aquí?

He pintado a una morsa, conduciendo un coche en la ciudad.

La profesora se quedó muda. Callaron también las risitas y se produjo un silencio.

¿Una morsa?

Sí, una morsa, un mamífero marino. Lo extraordinario es que conduzca un coche.

Ya sé lo que es una morsa.

No siempre se comprende qué es lo extraordinario. El talento creativo no se valora adecuadamente, incluso se tiende a menospreciar.

Nosotros descubrimos en Gustavo una creatividad impresionante. No nos llamó la atención, lo sabíamos. Esa anécdota no hizo más que confirmar lo que teníamos claro desde siempre.

Miguel y Jimmy dieron la vuelta a la tortilla jugando a un Superman del revés, un vuelo sin alas y una magia sin elixir. Simplemente, disfrutaban del momento y nos hacían disfrutar a quienes les observábamos. La creatividad siempre es sorprendente o no es nada.

Nuestro gatito, querido por quienes lo conocieron, nos dio siempre momentos únicos.

JIMMY VA AL COLEGIO

Escribí cuentos, poemas, canciones. Inventé juegos. Utilicé todos los recursos que se me ocurrieron para organizar nuestra visita al colegio de María.

Ya no era una guardería, la cosa se había puesto seria. Llevar a un gatito al encuentro con preadolescentes podía ser un patinazo bíblico, de campeonato. Tengo que reconocer que estaba un poco nerviosa. Ella no. Ella dijo:

No te preocupes, yaya, todo va a estar bien, ya lo verás. ¿No te acuerdas de lo bien que lo pasamos en la guardería?

Me lo dijo con esa voz que ahora utiliza la publicidad en la canción de lucha contra el cáncer (*Para que todo salga bien*) de la *Fundación Juega terapia* que, no lo puedo negar, me emociona cada vez que la escucho.

Y por si acaso, lo tenía casi todo previsto. Por eso recurrí a Rodari, mi talismán siempre que me encuentro en apuros didácticos. Utilicé, como otras veces, su libro *Gramática de la fantasía. Introducción al arte de contar historias*, como siempre, en múltiples ocasiones, en cursos de formación de formadores; incluso como complemento, a la hora de la cena, en cursos serios que necesitan desengrasar y echar unas risas a la vez que se reflexiona.

Propuse El *juego del bolígrafo*, inventado por mí, que se juega en grupos de cinco o seis personas. Cada participante prepara un bolígrafo y un folio. La madre (que suelo ser yo), va haciendo propuestas para escribir un cuento. Por ejemplo: digo *describir el lugar*, y los jugadores deben escribir rápido, tienen solo unos segundos, y cuando digo *bolígrafos en alto*, deben dejar de escribir. Inmediatamente, planteo otra propuesta: *describir al primer protagonista*. Mando parar y planteo otra cuestión. Así hasta el final del juego y del cuento. Todo debe suceder en tres minutos.

La cosa se complica si jugamos al mismo juego, pero rotando los papeles cada vez que se pide una nueva parte del cuento. Lo divertido llega cuando se leen las historias que tienen mezcladas las aportaciones de cada participante. Deben analizar lo escrito, primero en grupo para elegir qué historia les representará en la lectura final.

Es un juego idóneo para todas las edades. Solo hace falta saber escribir. Os aseguro que el resultado suelen ser historias increíbles.

Estando Jimmy por medio, propuse ideas que tenían que ver con los gatos. Y mientras tanto, nuestro felino de peluche lo observaba todo con curiosidad.

Para comenzar la clase presentamos a nuestro gatito. De eso se encargó María. Luego leí un poema de Gianni Rodari, *Un señor maduro con una oreja verde*, que a mí me produce siempre una ternura muy especial.

Os confieso (y ya he confesado muchas cosas) que siendo maestra (que palabra más hermosa) como soy, siempre he pretendido tener una oreja verde. No sé si lo habré conseguido, solo sé que lo sigo intentando cada día. Rodari dice que en una ocasión iba "*en el expreso Soria-Monteverde, (...) / vi subir a un hombre con una oreja verde. (...) Yo ya soy persona vieja, / pues de joven sólo tengo esta oreja. // Es una oreja de niño que me sirve para oír / cosas que los adultos nunca se paran a sentir: / oigo lo que los árboles dicen, lo que los pájaros cantan, / las piedras, los ríos y las nubes que pasan"*.

Mis gatitos, y sobre todo Jimmy siempre me han ayudado a no perder esa oreja verde, tan necesaria para vivir, para amar, para escuchar, para actuar. ¿Cómo seguir adelante sin la ilusión de la infancia, sin la inocencia de la infancia, sin la actitud investigadora de la infancia?

Y así, entre unas cosas y otras, con juegos, lecturas, escrituras, fue pasando el tiempo. Sin olvidar, por supuesto, el momento de acariciar a un gatito feliz, observar una clase convertida en personas maravillosas, todas ellas con sus propias orejas verdes, intentar sacar moralejas sencillas, fáciles de entender y aplicar. María tenía razón: todo salió bien.

CUANDO AVANZA LA TRISTEZA

Miguel y yo estábamos de viaje, fuera de España. Jimmy vivía dentro de casa. De los cuatro gatitos ya solo quedaba él. Disfrutamos de su compañía varios años más, tras la despedida de su madre, su hermano y su hermana.

Se hizo mayor y seguía siendo ese gatito bueno y feliz que siempre había sido. Fue adaptándose a cada una de las circunstancias que le tocó vivir, sin rechistar. Es cierto que dormía más, que necesitaba más cariño, que siempre que estábamos en casa, él se subía a nuestras piernas. Por lo demás, estábamos maravillados de su longevidad.

María y Gustavo lo visitaban con frecuencia. Nosotros atendíamos todas sus necesidades de alimento, aseo, cariño. Y él era nuestro consuelo al llegar a casa; nuestro momento feliz, nuestro refugio.

Por razones de trabajo, en aquel tiempo teníamos que viajar bastante. Era curioso porque si yo estaba fuera, Miguel le ponía al teléfono. Él se quedaba escuchando, incluso, a veces, lo sentía ronronear, maullar. Incluso, sentía su silencio.

Poco a poco comenzó a perder la lozanía, le costaba trabajo andar. Gustavo, nuestro hijo, nos mandaba fotos para que pudiésemos observar su deterioro.

La tristeza fue, poco a poco, avanzando por nuestra casa y por nuestros corazones. Estaba claro, Jimmy se estaba marchando.

Dejó de mover las patitas traseras y en poco tiempo esa inmovilidad fue avanzando por todo el cuerpo. Al final ya solo podía mover la cabeza.

El veterinario nos dijo que era mejor ayudarle a partir. Lo vimos claro cuando comenzó a dejar de controlar sus esfínteres y se hacía todo en la manta que le pusimos cerca de la comida.

No es posible compartir los sentimientos que me embargaron al verlo con los ojos despiertos, mirarnos con dolor, con lágrimas en los ojos, con un movimiento extraño en el cuello y con todo el cuerpo sin vida.

Lo despedimos con besos y abrazos, lloramos lo indecible y, tras la inyección letal lo trajimos a casa para depositar sus restos en el jardín, junto al resto de su camada.

Por Internet ofrecen muchas formas de enterrar a un gatito, incluyendo ataúd, lápida, entierro... todo, claro está, previo pago de un pastizal.

Nosotros hicimos lo mismo que con los otros tres: Miguel excavó un hoyo de medio metro de profundidad en nuestro jardín, envolvimos su cuerpo de manera adecuada, lo cubrimos con abundante tierra y colocamos sobre él algunas flores.

Al día siguiente, en ese lugar, encontramos un nido de pájaro, que se habría caído de un árbol cercano. Lo recogimos y lo guardamos como recuerdo de nuestro gatito, de su cariño, de su compañía.

Todo estaba previsto desde el día anterior. Pero siempre las dudas opacan las certezas y los días oscuros nublan la claridad. Hoy la luz va ocultando su belleza. Su timidez presagia un cambio de estación. El otoño despide el vuelo de las hojas del árbol del jardín. Los solitarios buscan un lugar apartado de la vida diaria. Las princesas juegan a ser personas y las niñas ocultan sus granas de llorar. Yo también, y miro este tamiz de viento y sotobosque, que tanto me recuerda a mi gatito querido. Observo como se abren de par en par las puertas del invierno.

Los semáforos hablan lenguajes imposibles. Las ciudades se esconden en un cielo turquesa y el mañana ya es siempre, detrás de las cortinas del salón, un lugar insufrible para el dolor de ausencia insoportable. Mueren los calendarios en fotos y desnudos de hombres y mujeres. ¿Dónde está Jimmy?, es todo lo que puedo preguntar. Sentados en agujas de relojes marchitos, el tiempo resucita las ganas de volar. Todo sigue su curso. Nada cambia, el duelo no acaba de terminar. Mi mundo no es el mismo, falta su luz, su dulce ronroneo.

PATITAS
LA GATA CON BOTAS. SAF

Tras la desaparición de nuestras vidas del último gatito precioso, hijo de la queridísima Andrea, Miguel y yo comenzamos a padecer sufrimientos paralelos: el dolor por la muerte de nuestro maravilloso osito gatuno o Síndrome de Ausencia Felina (SAF). No sé si existe o me lo acabo de inventar, pero es cierto, nosotros lo hemos padecido. Tiene síntomas muy claros: te pasas el día buscando gatitos en todas partes -redes sociales, YouTube, WhatsApp-, te apuntas a todas las páginas web que hablan de gatitos, ves todos los vídeos de gatos -sus ocurrencias, sus monadas-, organizas el paseo por la ciudad teniendo en cuenta los lugares en los que están las clínicas veterinarias, con la sola misión de descubrir algún gatito o gatita acompañados de sus afortunados dueños y no dejas de mirar las fotos de todos y cada uno de los gatos y gatas con los que has convivido... Rememoras sus anécdotas, su cariño. No eres capaz de olvidarlos.

No recuerdo cuántas veces vimos un simpático video de TikTok. Trataba de un humano hablando con su gatita, el día de Carnaval. La conversación estaba muy conseguida. La voz de la gatita era increíble:

¿De qué te vas a disfrazar? -Preguntaba el humano-.
De puta fina -Respondía la gatita-.
¿De qué?
Pitufina, PI TU FI NA.

Miguel y yo no podíamos dejar de reír. Lo pusimos una y otra vez.

Indagábamos hasta encontrar todo tipo de vídeos en los que los humanos hablaban con sus gatos. Algunos terribles, otros más realistas.

Buscando, buscando, encontramos curiosidades acerca de los gatos como uno, llamado Stubbs, que fue alcalde de una pequeña ciudad en Alaska durante 20 años. El pueblo está en una comunidad Talkeetna, en la que viven unas ochocientas personas y que inspiró la serie televisiva Doctor en Alaska. Al parecer, sus habitantes no estaban de acuerdo con los candidatos humanos propuestos y decidieron incluir a Stubbs el gatito sin cola que recogió Lauri Stec, gerente de una tienda que, un buen día, se encontró una caja llena de gatitos.

Explorando, explorando, encontré, por ejemplo que Isaac Newton inventó la gatera. Lo hizo cuando trabajaba en la Universidad de Cambridge. Sus gatos lo interrumpían constantemente rascando la puerta. Por eso le pidió al carpintero de la Universidad que cortara dos agujeros en la puerta, uno para la gata y otro para sus gatitos. Dicen que aún están allí los agujeros. No lo puedo asegurar. He estado en esa universidad hace muchos años, pero entonces no era una friki de los gatos.

También me enteré de que en 1963 se lanzó a una gatita al espacio –Felicette–, conocida como Astrocat, la primera y única gata en realizar esa aventura espacial.

Pues eso, que me pasaba la mitad de mi tiempo libre buscando todo tipo de chorradas en Internet. La única condición: que hablase de lo maravillosos que eran los gatos. En la otra mitad me entretenía escribiendo terribles poemas lacrimógenos, empalagosos, ñoños... de esos de los que solo hay algo que se debe hacer con ellos: tirarlos a la papelera de reciclaje del ordenador. Ni siquiera servían para cumplir la misión que debían cumplir: aliviar mi corazón del SAF agudo que sufría.

No se nos ocurrió acudir a una protectora de animales para adoptar a otro gatito. Ni siquiera sabíamos de su existencia. La ignorancia, unida a la nostalgia, son malas consejeras. ¡Ay!

Y ENTONCES APARECIÓ ELLA

Un día descubrimos a una gatita subida en la punta del entramado de madera del techo del porche de nuestros vecinos. Se pasaba allí las horas, mirándonos, observando nuestros movimientos.

Para encaramarse a semejante altura tenía que recorrer y salvar diferentes obstáculos: conseguir engañar al perro que, normalmente, estaba en el jardín vecino, que no la descubriera o no lograra alcanzarla si la descubría; subir las escaleras que van a la segunda planta; trepar al tejado por lugares absolutamente difíciles para llegar al sitio más alto; y una vez allí, atravesar la pérgola construida como un entramado de traviesas de madera, sin caerse por los huecos de la estructura. Todo para llegar a esa viga estrecha, de difícil acceso, y observarnos.

La mayor parte del tiempo dormitaba. Eso nos comenzó a preocupar. El lugar en el que estaba era muy alto, si se caía de ahí sería terrible. No creo en esa teoría de que los gatos tienen siete vidas y que siempre caen de pie. Además, investigué al respecto y comprobé que los expertos en gatos pensaban lo mismo que yo: si esa gatita se caía del tejado, se rompería todos los huesos. Algo teníamos que hacer. Bueno... no solo por eso, algo teníamos que hacer para que se acercase a nosotros, atraerla a nuestro jardín, meterla en nuestra casa y en nuestras vidas.

Descubrimos que la gatita no era de nuestros vecinos, que vivía un par de casas más allá. Pero los dueños de esa casa tampoco la consideraban suya. Cuando la veían, comenzaban a gritarla:

¡Eh, gata, baja de ahí! Esta gata se pasa el día buscando en la terraza. No sé qué quiere. La culpa es de nuestra hija que la pone comida de vez en cuando.

Nosotros sí que sabíamos lo que estaba buscando esa gatita preciosa, siamesa, como los otros que nos habían enamorado: comida y cariño, no necesariamente por ese orden. Ni siquiera tenía un nombre: la llamaban gata, sin más. Llegamos a la conclusión de que era una gatita callejera que estaba buscando un hogar en el que quedarse para siempre. Y nosotros estábamos buscando una gatita como ella que nos pudiese curar del SAF enfermizo que padecíamos.

A Miguel se le ocurrió la mejor idea para llamar su atención, ofrecerle ricas comidas: chuches, pollo picadito, caricias..., enseguida comenzó a ponerla en práctica. Entre el seto y la tela metálica que separa nuestro jardín de los vecinos, se podía meter la mano. La metió llena de comida y amor. La gatita entró al trapo, se acercó, olfateó la oferta, chupó un poco la comida y le propinó un buen mordisco al dueño de la mano. Miguel no dijo nada, no salió corriendo, no soltó la mano (que ella tenía entre los dientes), solo la miró y la dijo palabras cariñosas. Ella lo observaba con curiosidad. Pensaría:

Este gato grande es tonto, ni siquiera busca pelea. Me da comida muy rica y no me pega por morderlo. ¡Menudo chollo!

En cuanto Miguel sacaba la mano por el enrejado la gatita aparecía saltando feliz. Así un día y otro y otro y otro. La mano de Miguel era un cuadro, un eccehomo lleno de heriditas. ¿Estaría funcionando?

Pronto pudimos comprobar que sí: ¡estaba funcionando! Esa preciosa gatita esperaba a Miguel junto a la verja. Él comenzó a acariciar su cabeza y ella cerraba los ojos y movía la cola como síntoma de alegría. No siempre buscaba comida, en ocasiones solo buscaba las caricias.

Sí, efectivamente, era un poco agresiva. Sin embargo, día a día sus mordiscos comenzaron a ser apenas una caricia con dientes. Luego dejó de morder y comenzó a arañar. Y los arañazos no eran importantes... bueno, al principio sí: tremendos arañazos, con sangre y todo.

En la verja que nos separa de la vecina, hay algunos agujeros por los que, a veces, se han colado otros gatitos. Si quisiera podría pasar a nuestro jardín. Decidimos no acercarnos más a ella, mirarla en la distancia, animarla a atravesar el enrejado. Le daríamos comida y cariño. ¿Aceptaría nuestra oferta?

ALIMENTO Y CARIÑO

Efectivamente, eso era lo que necesitaba la susodicha gatita. Aceptó nuestro ofrecimiento. Seguía subiéndose a la viga, pasando a la casa del vecino, desapareciendo de nuestra vista, cada día, incluso más de una vez al día. Luego aparecía al reclamo del alimento mezclado con cariño.

Una mañana, no sabemos cómo, ni por dónde, pero sí por qué, apareció en el jardín. Pudimos verla de cerca, de cuerpo entero. Era aquella preciosa gatita que veíamos en las alturas. Tenía en las patas traseras una especie de botas de pelo blanco, y en las delanteras, unos guantes níveos. De inmediato, tuvimos claro cómo la llamaríamos: Patitas.

Efectivamente, su nombre podría haber sido Guantecitos, pero nos gustó más Patitas. Desde el primer momento comprendió que cuando decíamos Patitas la estábamos llamando a ella. Y venía, se acercaba y nosotros la acariciábamos. Ella respondía a nuestras caricias con sus uñas afiladas. Nos cubrió de arañazos y de cariño.

¿Éramos masoquistas? ¿Esos serían los efectos secundarios del tremendo SAF que acabábamos de padecer?

Patitas, Pati, Patusina, Patusquita, Patuchitas… esos son solo algunos de los múltiples nombres con los que llamábamos a la nueva inquilina de nuestra casa y de nuestro corazón. Ella respondía siempre.

Nuestro hijo, Gustavo, y Esther, su compañera de vida, solían venir por casa. Para nosotros siempre ha sido una fiesta recibirlos. ¿Cómo no quererlos? Y no solo porque, junto a María (nuestra nieta), son la única familia humana que tenemos en Santander. Son cariñosos, respetan y admiran nuestras cosas.

Yo creo que, al principio, se sorprendieron de lo que les contábamos de esa gatita mordedora y arañadora que había entrado en casa. Más tarde, cuando la conocieron, al igual que nosotros, comprendieron que era especial.

En cuanto Patitas vio a Esther se prendó de ella y ella de Patitas. Aunque es más de perros, nuestra brujita querida la enamoró desde que la vio. Se gustaron mutuamente. Fue una especie de flechazo gatuno.

Desde entonces sabíamos cuándo Gustavo y Esther estaban llegando a nuestra casa porque Patitas comenzaba a ponerse nerviosa, se acercaba a la puerta de entrada y maullaba como preguntando:

¿Cuándo llega Esther? Quiero verla, jugar con ella,

arañarla despacito, y comer esos maravillosos chuches que siempre me trae.

Las dos formaban una pareja dulce, cariñosa, feliz. Me gustaba observarlas, sentir su cercanía, disfrutar de sus arrumacos, juegos, adivinanzas.

Le he pedido a Esther que describiese en unas líneas cómo recordaba su relación con Patitas. Esto es lo que ha escrito:

Yo nunca había tenido trato con ningún gato, en mi casa siempre había habido perros, hasta que un día conocí a Patitas: una gata pequeñita de ojazos azules y calcetines blancos, que apareció de repente en casa de Nieves y Miguel. Cuando nos conocimos hubo una conexión inmediata entre ambas.

Desde el primer momento, Patitas demostró ser especial y muy cariñosa. Cuando me veía se tumbaba patas arriba mostrando su barriga esponjosa en una invitación abierta a las caricias, como haría un "perrete".

Los días con Patitas se convirtieron en un aprendizaje constante gatuno. Ella me enseñó que los gatos, aunque diferentes a los perros, también tienen su propia manera de amar y buscar cariño.

La vida puede ser una fiesta cuando se cruza en tu

camino una felina sorprendente que es capaz de adentrarse en tu mente y en tu corazón con una sola mirada, una carantoña. Era una ronroneadora gatita callejera.

Eso fue lo que nos pasó con ella: cambió nuestro mundo, inventó para nosotros un nuevo lenguaje, nos enseñó a disfrutar de su compañía a pesar de las heridas de guerra que nos proporcionaba.

EL GPS DE PATITAS

No es que seamos masoquistas. Es lo que puede parecer tras lo dicho en la última frase del texto anterior. Bueno... tal vez un poco, sí. Lo debemos ser quienes, por amor a nuestras mascotas, somos capaces de limpiar sus cacas, aguantar sus arañazos y mordiscos, gastar nuestro dinero para que ellos y ellas estén bien en nuestra compañía.

¿Puede ser una especie de pago por los servicios prestados? ¿No estamos sometidos a su chantaje emocional? ¿Es posible que su cariño venga acompañado de un virus letal que nos vuelve medio lelos, incapaces de reaccionar ante sus caprichos?

¿Estamos secuestrados? ¿Somos nosotros quienes les tenemos secuestrados a ellos y ellas? ¿De qué pasta está hecha esta relación? ¿En qué manual de instrucciones se pueden encontrar las normas, las modas, las saludables costumbres que deberían regir esta conexión fatal?

Un día, en uno de los muchos viajes de trabajo, al poco tiempo de conocer a Patitas y disfrutar de sus dientes y de sus garras, nos encontramos por la calle a una mujer que llevaba en brazos una gatita siamesa que era igualita que la nuestra.

Cuando la señora se dio cuenta de que no podíamos dejar de mirarlas se acercó a nosotros y dijo:

¿Os gusta "mi niña querida"? -así fue como la llamó-, es una preciosidad ¿verdad?

Observamos que ella, incluso más que nosotros, llevaba marcada en la piel el cariño gatuno.

Sé lo que estáis pensando. Miráis mis heridas y creéis que me las ha propinado esta preciosidad, ¿no es así? –asentimos-. Pues no. Estos arañazos no son de esta gatita, ella es muy buena. Son de nuestro loro. A él le gustan mis uñas y se las come. Mirad, mirad cómo las tengo.

Cuando nos mostró los dedos, nos quedamos sin palabras. Todas las uñas presentaban daños impresionantes. Peor que quienes se las comen, tenía mordeduras por todas partes, no solo por el borde.

Lo sé, es terrible, y no puedo hacer nada por reme-diarlo. Quiero con locura a Fermín, mi lorito maravilloso. El veterinario dice que debo alejarlo de la queratina de mis uñas, que le ponga algo que pueda picotear. Pero yo prefiero que me las mordisquee a quedarme sin su com-pañía. Es mi debilidad.

No puedo dejar de pensar en nuestro masoquismo, lo que somos capaces de hacer por contentar a nuestra mascota. ¿Nos estaremos volviendo locos? Puede que ya lo estemos.

Patitas nos tenía controlados en todo momento. Lo supimos casi desde el primer instante. Y es que, al pa-recer, los gatos llevan una especie de GPS incorporado a su ADN. Nos localizan de inmediato, conocen nuestros movimientos, saben dónde estamos y qué hacemos, aunque nos escondamos, incluso cuando ellos están le-jos de casa.

Escuchar a través de las paredes es una especie de superpoder llamado "cognición socioespacial" que de-nota inteligencia y apego. Fijándonos en ella, pudimos observar que, a veces, abría mucho los ojos, dirigía una de sus orejas hacia la pared de otra habitación de la casa, y... movía el cuerpo. Pude comprobar que allí estaba Miguel, vistiéndose para salir a pasear. Yo no había escuchado nada. Pensaba que trabajaba en su despacho. Cuando vino a despedirse supe que, efectivamente, salía de la habitación. Patitas lo había sabido mucho antes que yo. A veces, aparentemente, la gatita andaba a su bola, pensábamos que no nos hacía ni caso. No era verdad, ella siempre estaba atenta a lo que hacíamos, a cómo nos movíamos, a lo que ocurría en nuestro entorno: el suyo. Sus orejas se movían, se situaban de manera que podía escuchar lo que ocurría en todas partes. Era capaz de percibir cantidades industriales de información al mismo tiempo (lo son todos los felinos), que nosotros no podemos ni siquiera imaginar. Y el olfato es superior al nuestro, eso por descontado. Yo, cada día estaba más sorprendida.

QUERÍA SER LA ÚNICA

Patitas disfrutaba mucho torrándose sobre el mueble de la calefacción, sobre todo en invierno. Teníamos ahí (seguimos teniéndolo) un gato de madera muy divertido que compramos en alguno de nuestros múltiples viajes por el mundo. A mí me encanta, pero a ella no le gustaba ni poco, ni mucho, ni nada. Cuando se subía a ese mueble, lo primero que hacía era empujarlo hasta el borde. Luego me miraba como pidiendo permiso para tirarlo al suelo. Yo decía

Ni se te ocurra. Hay espacio suficiente para los dos.

Ella me seguía mirando sin dejar de empujar a la preciosa estatuilla felina.

Llamaron al timbre y dejé de controlar el episodio. Mientras abría la puerta sentí un golpe seco. Cuando volví al lado de la calefacción, el gato de madera estaba en el suelo y Patitas había desaparecido sin dejar rastro.

Ven, no te escondas. Eres una gatita mala y desobediente.

Tras unos segundos, Patitas se hacía presente con muestras evidentes de haber comido y bebido. Se acicalaba y parecía decirme

¡Pío! ¡Pío! ¡Qué yo no he sido!

Se acercó al gatito (que, afortunadamente no había sufrido daño alguno) lo olfateó y se tumbó junto a él, panza arriba, animándome a jugar.

Me agaché, me senté en el suelo, acaricié al gatito de madera, lo levanté del piso y lo coloqué en su lugar. Luego acaricié a Patitas y jugué con ella mientras hablaba de lo que había sucedido. Ella, como siempre, se hacía la tonta, parecía decir:

¿Quién yo? Pero si yo no he hecho nada. La culpa es suya que es un gato tonto y estaba en el lugar equivocado. Yo creo que está muerto. ¿Por qué tienes un gato muerto aquí?

Recoloqué al gatito inanimado, dejando para ella casi todo el espacio y la subí al mueble de la calefacción. Un poco asombrada miró al gato falso, se dio la vuelta y se durmió animada por el calorcito. No volví a encontrarlo nunca más en el suelo. La verdad es que, ni Patitas, ni los gatos en general, suelen tirar o romper cosas. Son muy delicados.

El gatito de madera no come, claro, Patitas sí, y no solo come la comida gatuna que compramos en el veterinario, también el pollo, y los restos de nuestras comidas. Miguel expurga a conciencia las sobras (por ejemplo, de pescado) y solo entonces se las ofrece. Tenemos miedo de que se pueda atragantar con alguna espina. Debe ser una tontería, es una gatita callejera y seguro que está curada de espanto.

Lo más extraño es que le guste el queso. Nunca lo habíamos observado en un felino y hemos visto cosas muy raras. Eso de que a los gatos solo les gusta la carne o el pescado, no es cierto en el cien por cien de las ocasiones. Tenemos el ejemplo de Jimmy. Él era un tragón. Comía de todo y mucho. Nunca les hemos dado leche ni chocolate . A veces teníamos que quitarle la comida del comedero.

Lo más curioso, referente a comidas, que hemos visto es lo que le gustaba a Jimmy: ¡melón y sandía! En cuanto olfateaba que estábamos partiendo una raja de cualquiera de estas frutas, aparecía él, se subía a una silla (siempre hemos enseñado a nuestros gatitos que a la mesa no se puede subir, y lo hemos conseguido), y ponía una carita de bueno mirando a lo que nosotros estábamos comiendo. Imposible negárselo. Partíamos una ración para él y se la dábamos. A veces, Miguel o yo, sujetábamos el manjar mientras daba buena cuenta de él alimento en cuestión.

Ahí estaba Patitas, comiendo, bebiendo, compartiendo su comida y su bebida con otros gatos que se acercaban al jardín. Se hizo muy amiga del Gordi, un precioso gatito anaranjado, esbelto y callejero, como ella.

MI BRUJITA QUERIDA

El Gordi comenzó a visitar nuestro jardín y nuestra casa, sin que Patitas le pusiese reparo alguno. Todo lo contrario, permitía que entrase, diese vueltas por aquí y por allá, durmiese en los lugares que ella frecuentaba, utilizase su arenero, bebiese de su agua y comiese de su comida.

Tras varias semanas sin visitarnos, un día apareció muy delgado, con una diarrea impresionante. No se dejó atrapar. Lo buscamos y no lo encontramos. No pudimos hacer nada por él. Desapareció como por encanto. Creemos que murió envenenado.

Patitas no preguntó por él. Ella nos tenía embrujados. Olvidamos los arañazos que nos había propinado, y que ya apenas nos propinaba. Las señales seguían en piernas y brazos..., menos mal que en la cara no osaba marcarnos.

Seguro que no lo podéis creer, pero os aseguro que es cierto: la nuestra era una gatita muy instruida, amaba los libros, los periódicos y la televisión.

Cuando me jubilé, mis amigas, funcionarias de diferentes comunidades autónomas, con las que he compartido proyectos, vida y complicidades nacionales e Internacionales, me hicieron varios regalos. Entre otros recibí un álbum magnífico en el que coloqué fotos de mi nieta María. El regalo ha sido, sobre todo, para Patitas: le encantaba dormir sobre él.

Lo custodiaba como nadie. Está forrado de tela de seda y es muy suave. Lo olfateaba, lo abrazaba, y no lo arañaba, lo trataba con mucho cuidado. Era su refugio. Cuando desaparecía, sabíamos que la podríamos encontrar allí. Acertábamos casi siempre.

Y qué os puedo decir de los periódicos... Creo que le hubiese gustado saber por qué pasábamos tanto tiempo mirándolos, sobre todo Miguel. Nos imitaba, se colocaba junto a ellos, investigaba...

También disfrutaba mirando la televisión. A veces se acercaba mucho a la pantalla, quería tocar a los animales que salían en los documentales de La 2. Es curioso, ha sido la única felina que en más de una ocasión ha intentado encender el televisor.

Un día yo estaba sentada en el salón, leyendo, ella ronroneaba en mi regazo. No dormía, miraba al televisor, apagado. Luego, se subió a la mesa y empujó el mando hasta colocarlo muy cerca de mí. Mientras, se hacía la tonta mirando alternativamente al mando y a la pantalla. Cuando la encendí, se puso muy contenta, se frotó conmigo y se colocó a ver televisión, sentada en el suelo, como una niña más.

Por lo que sé -lo he leído a investigadores que saben lo que hay que saber-, debe ser el instinto cazador el que anima a los gatos a ver televisión. Además, según estos investigadores, no les daña la vista, aunque la vean muy cerca. Son unos suertudos.

La Pati, según Miguel, tenía un don especial para hacer feliz a todo el mundo. Se subía, sin problema, al regazo de nuestros visitantes. Recuerdo que, cuando vino a nuestra casa Abhishek Basu -presidente de la Basu Foundation for the Arts de India- ella, ni corta ni perezosa, se subió a su regazo y él, un poco asustado, nos pidió, amablemente, que, por favor, quitáramos a esa gata de allí. Así lo hicimos, pero ella, erre que erre, volvía a subirse de nuevo. Para complacer a nuestro invitado, tuvimos que sacarla al porche. Durante un tiempo, Abhishek nos preguntaba en su inglés asiático por Pariras, aunque ella nunca supo del eco internacional que alcanzó.

Nuestra brujita querida no nos da miedo. Todo lo contrario, nos produce una gran ternura. Incluso cuando caza y nos trae su presa como presente. Ya sabíamos que no es una gatita asesina, que eso estaba en su naturaleza. Y como tal, lo fuimos aceptando. Poco a poco, a medida que pasó el tiempo, Patitas dejó de arañar y morder. Aprendió a esconder las uñas en su relación con nosotros. Solo en ocasiones, si estaba muy enfadada, las sacaba como amenaza, pero no las usaba como al principio.

SE MARCHÓ Y NOS DEJÓ LA TRISTEZA

Patitas quería mucho a Emilio, nuestro sobrino. Él es como un hijo para mí. Vive en el pueblo en que nací, Mingorría. Venía y sigue viniendo, a visitarnos. Ha conocido a todos nuestros gatos. Hubo un tiempo mientras estudiaba que vivió en nuestra casa. Currita lo quería mucho, sobre todo cuando estaba en celo.

Unos días antes de que Patitas volase, vino Emilio, y tuvieron que quedarse solos los dos en casa porque nosotros pasamos un par de noches en el hospital. Emilio se tumbó en el sofá y Patitas se colocó a su lado. Los dos juntos durmieron allí, cada uno soñando con sus cosas. Nosotros ya estábamos preocupados por ella. Sabíamos que podía estar enferma. El veterinario nos dio algunos remedios que no la hacían mejorar.

Patitas se pasaba el tiempo en el jardín, escondida debajo del seto. No quería jugar, ni sentarse en nuestro regazo, ni moverse por la casa.

Como estábamos en verano, nos pareció normal que buscase la sombra. No le dimos mucha importancia.

Luego, comenzamos a observar cambios en el pelo: no estaba tan suelto como antes, sino apelmazado. No tenía parásitos, ni suciedad, solo era diferente a lo que normalmente habíamos visto en ella.

Decidimos llevarla de nuevo al veterinario. Seguía sin darle importancia. La puso una inyección (fuimos también al día siguiente y la puso otra) y nos dio unas pastillas para dárselas dos veces al día.

Patitas no mejoraba. Todo lo contrario, comenzó a empeorar notablemente. Apenas veía.

En ocasiones no nos hacía ni caso, en otras, si nos acercábamos a ella, le temblaba todo su cuerpo. Su mapa mental iba a toda velocidad. En ocasiones, nos buscaba, nos encontraba, daba un salto y se colocaba encima de nosotros de forma muy rara.

La llevamos a una clínica veterinaria, a la que mi hijo llevaba a su perro. Al parecer era muy buena, tenía servicio las veinticuatro horas del día. Nos gustó la veterinaria que nos atendió. La realizó algunas pruebas, la observó y diagnosticó: esta gatita ha sufrido un ictus. Tenemos que analizar qué daños cerebrales ha sufrido.

La verdad es que nos quedamos de piedra. No sabíamos que los gatitos podían sufrir enfermedades neurológicas que afectan al cerebro, lo mismos que los seres humanos. Tras realizar análisis de sangre y otras pruebas, nos dijo con toda claridad:

Efectivamente, Patitas padece una enfermedad vascular, un ictus que le está produciendo malformaciones en el cerebro.

¿A qué es debido? –preguntamos–.

Tiene múltiples causas.

¿Se puede curar?

No lo creo. No obstante, hemos enviado los análisis al laboratorio. Cuando tengamos los resultados les diremos.

La tristeza invadió nuestros cerebros, nuestros corazones, nuestra casa. Nos llevamos a Patitas, la acariciamos, la contemplamos, le dimos chuches. Ella no estaba por la labor: no quería comer, ni beber, ni hacer nada. Solo tumbarse y dormitar.

Comenzamos a pensar que esa preciosa niña, nuestra niñita gatuna nos abandonaría pronto. Y nosotros no estábamos preparados para esa despedida. Nuestros gatos anteriores habían estado con nosotros entre diecisiete y veinte años. Patitas no llevaba en nuestra compañía ni diez. Tenía que curarse.

Hicimos lo que no se debe hacer: buscar en Internet la información acerca de los ictus gatunos. Todos los síntomas descritos en las páginas web de clínicas veterinarias nos pareció verlos en nuestra gatita: convulsiones, encorvamiento del lomo; pupilas con diferente tamaño; movimiento de los ojos sin control; ceguera; pérdida del equilibrio... Lo que más nos preocupó es que comenzó a presentar parálisis o ataxia.

Cuando volvimos a la veterinaria, nuestra gatita estaba en las últimas. Los resultados de los análisis confirmaron que así era: durará, como mucho unos días, dijo la veterinaria. Nos despedimos de ella, la besamos, la abrazamos, la dijimos cuánto la queríamos, y se le practicó la eutanasia gatuna. Cuando todo terminó, ella parecía que estaba dormida, con una sonrisa en la cara.

Ahora descansa en el jardín, cementerio gatuno particular, junto a una parte de nuestro corazón.

HIJO Y MADRE. MADRE E HIJO
DOS GATOS MEJOR QUE UNO

Cuando nos abandonó Patitas, tras una grave enfermedad galopante, la tristeza ocupó nuestras vidas. No podíamos creer que aquella gatita preciosa, esa niñita feliz, ya no estuviese correteando por la casa o por el jardín, arañando los sofás, acurrucada en nuestro regazo, ronroneando, amasando, disfrutando de nuestra compañía. Y nosotros de la suya.

Yo, en ocasiones, sentía sus maullidos, me parecía verla en un rincón, escondida, rasguñándolo todo, llenándonos con su alegría.

Es cierto que los últimos meses que pasó no era la misma. Su pelo había perdido brillo y esponjosidad, estaba desganada y pasaba mucho tiempo escondida bajo el seto. El primer veterinario que visitamos no encontró nada en ella digna de reseñar. *Tal vez se esté haciendo mayor,* dijo. La veterinaria lo tuvo más claro: *está en las últimas*. No sabíamos su edad. La conocimos cuando ya no era una bebita. Y ahora ya no estaba.

Un día, al levantarnos, Miguel dijo que le había parecido escuchar el llanto de un niño en el jardín.

¿Un niño en el jardín? -dije yo- *no es posible, ¿será un gato?*

A mí me ha parecido el llanto de un bebé recién nacido.

En ese momento, mientras bajábamos las escaleras del jardín, pude escuchar con nitidez un llanto infantil. Buscamos y rebuscamos por todas partes.

Cuando ya habíamos desistido de la búsqueda, volvimos a escuchar el dulce sonido, en un rincón, cerca de donde estábamos. Y, ¡oh sorpresa!, descubrimos los ojos asustados de una gata en actitud peligrosa. Lo mejor sería no acercarse. Entonces lo vimos, escondido detrás de ella había un bultito negro, diminuto, en el que brillaban unos preciosos ojos verdes muy pequeños.

Es una gatita que ha parido hace poco. Tiene un gatito negro, mira, mira cómo se mueve. No sé si tendrá alguno más...

Es verdad. Será mejor que no nos acerquemos más para no ahuyentarla. Si se asusta cogerá a su gatito y no volveremos a verla más.

Me suena esa gatita. No es la primera vez que la veo por aquí. La he visto venir a comer cuando estaba Patitas.

Tienes razón. Yo también la he visto en el porche algunos días por la mañana. Al verme salía corriendo. Sin embargo, a Patitas no la importaba compartir el espacio con ella.

Es que Patitas era muy amigable con otros gatos. Recuerda lo bien que se llevaba con el pobre Gordi.

Miguel y yo estábamos emocionados con el descubrimiento. ¿Habría hablado Patitas con esa preciosa madre gatuna, diciéndole que el nuestro era un buen hogar de acogida? Tal vez sí, no lo sabemos.

La mayor sorpresa nos la llevamos al día siguiente: madre e hijo no estaban en el escondite en el que les habíamos encontrado la mañana anterior, ¡estaban en el porche! Observar a ese minúsculo gatito dentro de un tiesto, o mamando tranquilo mientras su madre estaba tumbada de lado, medio dormida, fue maravilloso.

Tenemos una tigresa y una panterita ¿será macho o hembra?

Hay que ponerles un nombre, -dije yo-. Lo que no se nombra no existe.

Al gato, Blacky, por razones obvias.

¿A ella, Cata?, también por razones evidentes.

Claro, a nuestro gatito negro, en lugar de llamarlo Black, lo vamos a llamar Blacky. A ella, en lugar de llamarla Gata, la llamaremos Cata, como Catalina, Caterina, Catia, Cati...

Vale, vale, de acuerdo.

Dicho y hecho. Teníamos dos gatitos por falta de uno. No nos olvidaremos de Patitas, siempre la recordaremos, pero, desde el minuto uno, estas dos preciosidades están llenando nuestro corazón de alegría. Solo hace un año que viven con nosotros. O, lo que es lo mismo, pero no es igual: nosotros vivimos con ellos. Son extraordinarios.

CATA
CATITA DE LAS TEJAS VERDES

Creemos que Cata ya tenía identificada nuestra casa, que había visitado el porche y conocido a Patitas y que pasó más de una noche en la caseta de madera, incluso en el sofá del porche. Recuerdo que, algunas mañanas, tras levantarme, había visto a una gatita muy parecida a ella. Miguel dice que él también la vio. Claro que no lo podíamos asegurar porque en cuanto nos veía salía corriendo y desaparecía de nuestra vista.

A Patitas nunca le molestaron las visitas. Tal vez se hiciese amiga de Cata, tal vez la ofreció el lugar para atender a sus crías, tal vez ni siquiera eso, nos eligió porque conocía el espacio y le pareció suficientemente confortable para vivir.

Estaba recién parida y vimos que se mostraba muy inquieta, no paraba de moverse, maullaba sin motivo aparente, andaba perdida, como buscando algo. Y, a pesar de todo, no dejaba de atender a su bebé.

Era un placer observar a Cata con su diminuto gatito negro, atenderlo con delicadeza, darlo de mamar, acicalarlo, chuparlo, reprenderlo dulcemente...

No podíamos entrar en su espacio, se ponía histérica, nos bufaba, escondía a su cría, sacaba las uñas y nos miraba con ojos asesinos. Era una madre coraje, no estaba dispuesta a consentir que nadie le arrebatase a su hijito recién nacido.

Miguel y yo la observábamos desde los cristales del porche, disfrutando de todo lo que pasaba en el interior. Era como si estuviésemos contemplando uno de esos dioramas que suele haber en algunos museos (me parecieron impresionantes los del American Museum of Natural History en Nueva York). Solo que aquí los participantes estaban vivos. Más bien era un *reality show* gatuno y nosotros los espectadores de lujo.

Pasaban los días y Blacky, seguía creciendo. Abría los ojos, dormía, mamaba, se empotraba en el vientre de su madre, comenzaba a observar el entorno.

Según los investigadores, los gatitos nacen ciegos. Los ojos azules con los que vienen al mundo, cambian de color a partir de la tercera semana de vida. Y dicen también, que los michines abren los ojos y los oídos al pasar entre una y tres semanas. Nuestro negrito comenzó de inmediato a mirar el mundo, solo pasó una semana cuando ya vimos esos enormes ojos azules mirándonos con curiosidad.

Al principio, sus orejas estaban caídas a los lados de la cabeza, pero comenzó a levantarlas muy pronto. Era un observador nato. Despertaba a la vida con el deseo de verlo todo, descubrirlo todo, tocarlo todo, empaparse de tantas y tantas cosas curiosas que lo rodeaban. Desde el primer momento nos pareció un gatito feliz, curioso, divertido. Llamaban nuestra atención sus posturitas, los dibujos que formaba con el cuerpo.

Enseguida, comenzó a mirarnos con mirada indagadora. Su madre lo reprendía. Comprendimos enseguida que la experiencia de Cata con los humanos no había sido buena. Parecía decirle.

Ten mucho cuidado con esos gatos grandes que te pueden perseguir con un palo, gritar, pegar, asustar. Tú quédate aquí, al lado de tu mami que te quiere mucho y te protegerá siempre del hostil mundo exterior de los extraños seres humanos.

Él la miraba y no comprendía nada. Pensaría que aquellos gatos grandotes parecían muy simpáticos, con esa cara de bobos.

Pero, mamita querida, si estos gatos grandotes son muy divertidos, nos miran con cariño ¿no los ves? Nos traen agua y comida.

Tú no te fíes, haz lo que yo te diga. Eres muy pequeño y no sabes lo malos que pueden llegar a ser estos bichos raros.

Seguro que Blacky protestaría, pero Cata no le hacía ni caso. Intentaba ocultarlo. Tenía miedo de que nosotros le hiciésemos daño.

Todos los expertos que he consultado afirman que no se debe tocar a los gatitos hasta que tengan entre diez y catorce días, antes podría ser peligroso para su salud y para la nuestra. Estábamos de acuerdo. Además, esa madre tigresa se abalanzaría sobre nosotros, seguro.

CONOCERLA UN POCO MÁS

Los felinos tienen una personalidad singular, rodeados de un aura de misterio, intriga, sacada de la cultura popular. Se les ha asociado con las brujas. Como ya he comentado en otro capítulo, se pensaba que eran la manifestación del diablo, sobre todo los gatos negros, como Blacky, el hijo de Cata. En la mitología nórdica, Freyja es la diosa de la muerte y del más allá, relacionada con la brujería y la magia negra. Se la suele representar subida en un carro tirado por gatos mágicos. La diosa Diana de la mitología griega, símbolo de fertilidad, era representada por un gato negro. Más tarde, a esta misma diosa se la relacionó con la brujería. Y, en su mitología, los celtas consideraban a los gatos como los guardianes de otro mundo, y su presencia era el anuncio de que el diablo estaba cerca. Se llegó a creer que los gatos eran hechiceras disfrazadas. En las épocas de cazas de brujas siempre había un gato cerca. Aún, en la actualidad, las películas les siguen asociando. También en determinadas fiestas carnales y de miedo: Halloween, sin ir más lejos.

Gatos, ratas, murciélagos y otros pobres animalitos, han unido su historia a la americanada que supone esa fiesta que en nuestro país se ha acogido con entusiasmo, como sucedió con papa Noel, Black Friday y otros eventos por el estilo (normalmente comerciales, para hacer caja), que tienen su origen en el atontamiento colectivo que consigue la publicidad.

Y, por si queréis saberlo, sin necesidad de entrar en Internet, el término Black Friday viene de los atascos que se producían en Filadelfia el día siguiente a la fiesta estadounidense de Acción de Gracias. Según los oficiales de policía encargados de la regulación del tráfico, las personas y los coches abarrotaban calles y avenidas. Esto sucedió en 1961, ahí se acuño el término que se extendió por todos los Estados Unidos a partir de 1975. Y, como suele suceder, en España llegamos los últimos a estos acontecimientos, pero tardamos nada y menos en adelantar a los más forofos.

En Halloween, muchas viviendas (casi todas y cada vez más) exhiben en los cristales de las ventanas que dan a la calle, multitud de animales: murciélagos amenazadores que cuelgan del techo y que te encuentras al atravesar el dintel de las casas; arañas enormes, ensangrentadas (según un estudio reciente, se afirma que estas criaturas arácnidas, se alimentan de serpientes, en todo el mundo; y otras muchas criaturas espeluznantes). Y ahí, justo ahí, están los gatos y las brujas; no podían faltar en una fiesta del terror.

Vale, de acuerdo, ya pueden decir misa, a mí me importa un bledo. Todas estas cuestionen no me afectan lo más mínimo. Me parecen curiosas, forman parte del ideario colectivo de los tiempos de Maricastaña. Incluso, hay quienes desmienten estas historias y afirman que los gatos dan buena suerte.

Yo creo totalmente eso de la buena suerte: mi Catita querida es lo que ha traído a nuestras vidas. Todo lo demás está en el terreno de las supersticiones y, como decía mi padre *No traen nada bueno, suelen ser historias falsas que solo pretenden engañarnos, asustarnos y amarrarnos a unas creencias equivocadas.*

No puedo estar más de acuerdo. Sobre todo, mirando a mi gatita, amamantando a su cría, dándole todo su cariño, protegiéndola. ¿Diablesa? Y qué... Es verdad, tiene un precioso hijito negro. Pues a mí me encanta el negro: en los gatos, en la piel, en la ropa. Antes se utilizaba la ropa negra tras la muerte de un familiar; ahora se utiliza como signo de elegancia. Yo lo utilizo porque me gusta, sin más. Lo demás son tonterías. Cata y Blacky esos maravillosos gatitos, nos hacen sonreír, nos dan alegría y felicidad, el resto es humo.

LACTANCIA Y CUIDADOS MATERNOS

Cata es una gatita atigrada, pertenece a la raza de *gato europeo*. Es la más popular, se piensa que puede ser una derivación del gato montés africano. Es pequeña, inteligente, sociable, tímida, desconfiada, audaz e independiente. Le encanta jugar. Responde a todo esto fielmente. A veces Blacky la sobrepasa, juega a cazarla y ella lo bufa, tal vez quiera evitar que la monte.

Las tonalidades de su pelaje van desde gris plata hasta marrón. Unas líneas oscuras recorren todo lo largo de su cuerpo y forman dibujos muy personales. Diferentes en cada gato o gata. Es única.

Cata ha sido y sigue siendo una madre magnífica, en ocasiones me recuerda a Andrea. Cuando su panterita era más pequeño se pasaba el tiempo cuidándolo: lo aseaba, lo estimulaba, limpiaba sus esfínteres y secreciones. También lo amamantaba y se aseguraba de que estuviese bien.

Cariñosa a su manera. Dulce y sensible cuando le viene en gana. Es posible acariciarla cuando ella quiere, sobre todo en el porche, en el jardín no deja que la alcances, tiene que venir ella a donde estamos nosotros y entonces se roza, ronronea, se tira al suelo a nuestros pies, hace la croqueta, dando vueltas de un lado para otra. En esos momentos se la puede acariciar, no siempre, porque puede salir corriendo y dejarte compuesta y sin caricias.

Ha aprendido mucho, al principio tenía las uñas en alerta, ahora ella misma nos acaricia metiéndolas para adentro. Nunca araña. Tampoco muerde. A veces, señala la posición de la mordida, pero no aprieta. Todo forma parte del juego.

Los expertos tienen razón, nuestra gatita *evoca la majestuosidad de sus parientes salvajes, se eleva como un tesoro en el gran universo que representan las razas felinas. Tiene una presencia única que ha cautivado a cada amante de los gatos durante generaciones.*

De personalidad intrigante, aúna en ella la inteligencia, la curiosidad, y la independencia. Cada gato atigrado es único, no hay dos iguales, es diferente al resto con una expresión única, evocando la riqueza de matices e individualidad que se esconde tras sus rayas. Cata solo hay una y está con nosotros porque quiere. Y yo, qué queréis que os diga, lo sé y me emociono al mirarla tan cerca, tan bonita, tan cariñosa, tan entregada a sus juegos y a su hijo.

También sé que tiene miedo. Se asusta con nada y menos. Un simple cambio de posición, una tos, un ruido pequeño del asiento, la asusta muchísimo: agacha la cabeza, le tiembla todo el cuerpo, sale corriendo, se esconde.

Su pelo presenta un patrón que es llamado Tabby (atigrado en español), todos tienen un signo distintivo en la frente: una M mayúscula. Cata también. Sus ojos pueden ser verdes, dorados o azules. Ella los tiene verdes.

Son capaces de sobrevivir en las condiciones en que se encuentren, por duras que sean, porque saben explorar, investigar, buscar y descifrar todo aquello que se les cruza en el camino. Esta descripción le cae como anillo al dedo a nuestra tigresa.

Cata es una gatita especial, se nota que ha pasado por malos momentos, seguro, y debe haber parido muchas veces. Nosotros sabemos de dos partos, en el que nació Blacky y otro en el que tuvo dos bebes.

Su personalidad es variable, le gusta jugar y ser muy activa, en ocasiones, en otras no quiere saber nada de nada. Duerme, pero cualquier ruidito la despierta, abre los ojos y se vuelve a dormir.

Hemos comprobado que le gusta estar junto a nosotros. Cada día debe identificarnos. Es muy susceptible a los cambios de humor. Es retraída y desconfiada con las personas que no conoce, incluso con nosotros, si piensa que hemos cambiado, que tenemos otro olor. El trato con ella no es tan fácil como puede parecer a simple vista. Debemos ganarnos su cariño y confianza día tras día.

La lactancia y los cuidados maternos no duran para siempre. Un día se acabó lo que se daba. Y ni siquiera dejó que su hijo se le acercase.

BILLETE DE IDA Y VUELTA

A pesar de los pesares, es muy curiosa, mucho. Le gusta entrar al garaje, olisquear por allí, detenerse en todo lo nuevo. Como estamos de obras, ese lugar cada día es una fiesta para ella. El albañil deja a su alcance las más variopintas distracciones. ¿Podría ser peligroso?

Por si acaso y para evitar problemas para Cata, decidimos no dejarla pasar al garaje. Cerramos la puerta, pedimos a los obreros que tuviesen cuidado. Miguel y yo también lo teníamos.

Un día, no sé cómo se las arregló, salió corriendo desde el jardín, atravesó el porche y el garaje y desapareció de nuestra vista. Nosotros salimos corriendo detrás de ella. Recorrimos los alrededores, preguntamos a las personas con las que nos encontramos, buscamos por todas partes. Nada de nada. ¿Dónde se habría metido?

De pronto la vimos, estaba junto al garaje de una de las casas cercana a la nuestra. Nos aproximamos. Y... ¡oh, sorpresa!, aquella gatita llevaba un collar al cuello, no podía ser Cata. ¿Sería una hija suya? ¿Su hermana? No podíamos saberlo.

Nos fuimos a casa muy tristes. Nuestra gatita había desaparecido, estaba huida. Nos inundó una gran tristeza. Nos habíamos acostumbrado a su presencia junto a nuestro querido negrito. Y ahora...

¿Habría algo en el jardín que la asustó y provocó su marcha? Buscamos por todos los rincones. Ni rastro de ella; tampoco encontramos nada preocupante. El tema tenía bemoles y un montón de ideas que pensar.

De pronto... la vimos: ¡dormida, en el porche, estaba Cata! La sorpresa fue mayúscula.

¿Cómo había vuelto a casa? No teníamos ni idea;

¿por qué salió corriendo y desapareció de nuestra vista? Ni pajolera idea; ¿A dónde fue?, ¿qué hizo?, ¿por qué volvió? Imposible saberlo. Solo podíamos disfrutar de su compañía: ella estaba aquí, con nosotros, porque quería estar.

Pero esa no fue la única vez que desapareció. Tras el destete, solía pasar la noche fuera y, en ocasiones, un día entero, o dos, o tres. Luego regresaba con hambre.

De buenas a primeras, sin avisar, sin darnos cuenta, Cata desapareció dejando a su hijo solo, a nuestro cargo. Pensamos que sería una escapada breve: unas horas, un día, dos... No fue así. Cata no volvió. ¿La habría pasado algo?: atropellado un coche, como le pasó al novio de Andrea; envenenada, como le sucedió al Gordi; pedradas de algún desaprensivo... Mi hijo solía decirme:

Mamá, te pareces a la abuela, ella siempre estaba preocupada por si nos podía pasar algo, ¿lo recuerdas?

Cómo no lo voy a recordar. Cada vez que salía de casa para ir a trabajar me decía lo mismo: "ten mucho cuidado, hija, no quiero que te pase nada".

Gustavo tenía y tiene razón, y yo no puedo evitarlo: me preocupo por cualquier cosa. Y no soy capaz de despreocuparme y dejar de pensar que a Cata le había pasado algo malo: ya hacía varias semanas que no sabíamos nada de ella.

Como siempre, me puse a investigar. Y descubrí algo sorprendente: las gatas pueden volver a quedar preñadas ¡cuarenta y ocho horas después del parto! Que esté dando de mamar a sus gatitos no es impedimento para escaparse de casa, aparearse y volver a quedar preñada.

Los expertos dicen que hay que tener mucho cuidado, se debe proteger a las gatitas, porque los partos tan seguidos pueden perjudicar a su salud.

¿Estaría Cata por ahí, buscando pareja, intentando volver a traer más gatitos al mundo? Dentro de todas las elucubraciones que pasaban por mi mente, debo reconocer que esa era la menos mala que se me ocurría. Solo quería verla viva y a nuestro lado.

Seguro que era eso, Cata estaba otra vez preñada. Pero... si era así, ¿dónde se había metido? La incertidumbre no me dejaba en paz.

UN DÍA SE MARCHÓ

Como he comentado antes, tras dejar de amamantar a su gatito, Cata comenzó a bufarlo si se acercaba mucho a ella, a hacer cosas raras y a marcharse de casa. Al principio solo algunas noches, luego varios días, después pasaron semanas sin saber nada de ella.

Muchas gatas, casi todas, tras el destete rechazan a

sus crías, sobre todo si son machos. Algunos expertos afirman que quieren evitar ser montadas por sus propios hijos. Al parecer, no les gusta la endogamia (una especie de incesto distorsionado); eso no quiere decir que no se dé, se da, y, en ocasiones, se busca. No es el caso.

Lo tuvimos claro desde el primer momento: dejaba a su cría a nuestro cuidado. Al parecer, nos habíamos ganado su confianza para eso.

La buscamos, pero no con denuedo, sabíamos que ella conocía la casa, sabía dónde había dejado a su gatito, dónde tenía comida y agua limpia a su disposición, dónde obtendría cariño. Si no estaba en este lugar era porque no quería estar. Debíamos respetar su decisión.

Nos daba pena no verla cada mañana junto a este precioso gatito que la buscaba y nos preguntaba a nosotros por ella. ¿Qué podíamos decirle? Lo único era darle mucho cariño, algunos chuches y compañía. Las tres cosas eran factibles. No obstante, le hablamos:

Tú no te preocupes pequeñajo, nosotros estamos aquí, a tu lado, para lo que necesites. Un día volverá tu mamita. ¿Necesitas algo más?

Quien te escuche pensará que te has vuelto loca. ¿Hablarle a un gatito? Si no te puede comprender. Y menos aún responder a tus preguntas -decía Miguel-.

Pero él también le hablaba. Era nuestra forma de acogerlo, arropar su pérdida, demostrar nuestro cariño.

Cuando Blacky, Miguel y yo, habíamos comenzado a aceptar que Cata no regresaría nunca, un día apareció. Nuestra sorpresa fue mayúscula: ¡no estaba sola! Venía acompañada por dos gatitos minúsculos: uno muy blanquito, de raza siamesa, y otro negrito, de la misma raza que su hermano.

Nos quedamos atónitos, no podíamos dejar de mirar a Cata amamantando a sus dos nuevas crías. No sabíamos en qué lugar había parido. Tal vez en el mismo lugar en el que la encontramos con Blacky, tal vez en la caseta. Lo importante es que estaba aquí, de nuevo, con dos preciosos gatitos diminutos.

Nos gustaba mirarla, ver cómo amamantaba a sus nuevas crías. A Blacky también le gustaba. Los miraba de lejos, se acercaba, intentaba mamar, pero ella no se lo consentía. Nos daba pena ese gatito pequeño, que tenía que aprender a buscarse la vida. Lo mirábamos, pero no podíamos entrar al porche. La tigresa lo impedía.

TOMAR UNA DECISIÓN

De pronto nos habíamos juntado con tres gatitos pequeños y una gata madre que podría volver a quedarse preñada una y otra vez si no le poníamos remedio. ¿Qué podíamos hacer?

Durante el tiempo que Cata estuvo fuera, nosotros habíamos cogido mucha confianza con Blacky, que, tras unos días desorientado, comenzó a confiar en nosotros, a dejarse querer, acariciar. Incluso lo llevamos a la veterinaria. Le realizó un análisis completo, le puso las vacunas, lo desparasitó, lo registró. Nos dio un plan de actuación para los siguientes meses y años.

Pensamos que sería estupendo poder llevar a Cata a la veterinaria. Pero nos resultó imposible tocarla. Y menos si estaba amantando.

Decidimos que lo mejor sería dar en adopción a los dos gatitos nuevos, esterilizar a Cata y a Blacky. No podíamos acoger a tantos gatitos. Podríamos, en todo caso, quedarnos con ellos dos.

Tras algunas semanas, y antes de que Cata destetase a sus crías, hablamos con la veterinaria. Ella nos dijo que eso era lo mejor que podíamos hacer. Nos habló de una asociación dedicada al cuidado y control de gatos sin hogar. Se llama *Gatucos*. Y según afirma en su página web, tienen como objetivo coordinar y controlar las colonias felinas del municipio de Torrelavega y alrededores, actúan esterilizando con el método CES y recogiendo a los gatos más sociables para buscarles adopción. Responden también a urgencias de gatucos en situación de riesgo vital.

Nos pusimos en contacto con ellos, que son ellas. Aceptaron nuestro caso.

Tapamos el agujero que da a la caseta. Lo peor sería atrapar a Cata. Nosotros no habíamos podido tocarla nunca. Nos bufaba, sacaba las uñas, se escapaba por el agujero... Se lo comentamos a ellas, nos dijeron que no nos preocupáramos, que vendrían a nuestra casa y se ocuparían del tema.

Vinieron tarde, ya casi noche, entraron en el porche. Intentaron cogerla a ella, eso resultó bastante difícil: saltaba hasta el techo, maullaba, gritaba, se retorcía. Miguel estaba ayudando con guantes de jardín para evitar arañazos y mordeduras. Yo no pude mirar. Me escondí. Me parecía que aquello estaba siendo muy cruel. Tres personas adultas acosando a una gata y sus dos crías... ¡Madre del amor hermoso!

Le he pedido a Miguel que lo cuente como testigo de excepción.

Era de noche cuando vinieron las dos voluntarias del refugio a llevarse a los gatos. Éstos, de la sorpresa inicial, pasaron al temor en un momento. Encerrados en un cuarto pequeño, buscaban una salida y daban saltos increíbles mientras las dos chicas intentaban atraparlos usando unas mantas para cogerlos sin dañarlos. Capturar a los pequeños fue fácil, pero mientras Blacky se escondía bajo una manta intentando pasar desapercibido, Cata saltaba y zigzagueaba cual dibujo animado. Después de gritos, maullidos, bufidos y mucho stress, finalmente la operación se dio por concluida. Blacky, por su carácter, todo se lo echa a la espalda, pero creo que aún hoy Cata recuerda con miedo aquellos momentos.

Por fin, tras bastante tiempo de pelea, las dos mujeres estupendas consiguieron atrapar a Cata, meterla en el trasportín y en el coche. Los dos gatitos, un poco asustados, también estaban a salvo.

Cuando se marcharon, tras hacer los trámites pertinentes y dar una donación a la protectora, entramos en el porche para ver cómo estaba Blacky. Lo vimos asustado, pero se dejó acariciar. Decidimos cerrar la puerta de la caseta por la noche, para evitar que se escapara. Tenía el porche y la caseta solo para él.

Por la mañana, Blacky no aparecía por ningún sitio. Descubrimos que había roto la rejilla doble de una de las dos ventanas y se había escapado por allí. No lo podíamos creer. No obstante, avanzada la mañana lo vimos por el jardín. Estaba a salvo, sin heridas. Vino corriendo a nuestro encuentro, maullando, preguntando qué había pasado. No se lo pudimos explicar.

UNA NUEVA VIDA

Cata estuvo varios días en *Gatucos*. Blacky fue castrado en la clínica veterinaria.

Los gatos machos -dijo la veterinaria- *suelen pelear-se por conseguir una hembra. Estas peleas pueden llegar a ser muy duras, con mordiscos, heridas, pérdida de un ojo...; además, es necesario garantizar el equilibrio de gatos en la zona. Su proliferación no es conveniente para nada y para nadie.*
¿Es complicada la intervención? -Pregunté.
Es sencilla. No suele tener complicaciones. De todas formas, lo mejor es que esta noche se quede aquí, para garantizar que cuando vuelva a casa esté bien del todo.

Conscientes de que estábamos haciendo lo mejor que podíamos hacer, volvimos a casa dejando a nuestro precioso negrito en la clínica veterinaria.
Miguel fue a buscarlo al día siguiente. Cuando llegó a casa estaba tan campante. Eso sí: buscaba por todas partes a su madre y a sus hermanitos. Nos daba un poco

de pena. Hicimos lo único que podíamos hacer, darle comidita rica y mucho cariño.

Enviamos fotos de los dos gatitos a la protectora. En *Gatucos* les pusieron nombre y los anunciaron para animar a los amantes de los gatos. Al blanquito lo preadoptaron enseguida, al negrito costó más. A los pocos días los dos ya tenían una familia para siempre.

Cata estuvo en *Gatucos* varias jornadas. Para identificarla le dieron un corte en V en la puntita de su oreja derecha, es lo que llaman *ear tipping*. El programa en inglés se llama trap-neuter-vaccinate-return (TNVR) program[1] (vacunación, esterilización, castrado y devolución a su entorno) de gatos callejeros.

Llegó buscando a sus crías, recorría una y otra vez el porche y el jardín, nos preguntaba, maullaba. Andaba como alma en pena. Su tristeza me dolía. Comencé a dudar de que hubiésemos hecho lo correcto.

A los pocos días cambió: era más amable, más cariñosa. Ya no le importaba que su hijo durmiera a su lado. Todo lo contrario, dormían abrazados, se chupaban el uno a la otra y viceversa. Incluso consentían que nosotros estuviésemos en el porche con ellos, acariciándolos.

---

1 Para saber más: https://bestfriends.org/pet-care-resources/ear-tipping-cats-what-it-and-why-its-done

Una nueva vida para madre e hijo. Ella estaría más tranquila, seguro.

Ya ha pasado casi un año de aquel episodio de duro recuerdo, las aguas han vuelto a su cauce. Cata está muy relajada, independiente, feliz. Sigue siendo un poco desconfiada. Imagino que aún no ha olvidado aquella noche. Yo tampoco. Se deja acariciar, querer, incluso podemos cogerla en brazos un momento.

Su vida y la nuestra ha cambiado. Cata pasa más tiempo que Blacky en el porche, dormida o despierta. Es una tigresa preciosa, cariñosa. Le gusta rozarse con nosotros, que la acariciemos. Cuando nos ve se acerca y se tira al suelo, hace la croqueta y nos mira animándonos a las caricias mutuas. No muerde, no araña, está con nosotros, pero es libre.

No puedo olvidar el encuentro entre madre e hijo después de una de sus escapadas: él por dentro del porche; ella en las escaleras que bajan al jardín, por fuera de la puerta. Los dos mirándose.

Espero y deseo que Cata pueda vivir con nosotros y con su hijo muchos años, que sea cada día más feliz, olvide los malos momentos y descubra la alegría de tener a unos gatos humanos grandes y generosos, que la quieren, la protegen y la desean lo mejor.

Su felicidad y su alegría es la nuestra. Su compañía

nos transmite ese algo de magia que solo saben dar las gatitas felices, libres, un poco miedosas y muy generosas.

La verdad es que cuanto más convivo con gatos, menos creo en la especie humana. Estoy de acuerdo con Mark Twain: *"Si el ser humano pudiera ser cruzado con un gato, mejoraría el hombre, pero se deterioraría el gato"*.

BLACKY. NEGRITO QUERIDO

Desde que nació Blacky es un gatito feliz, independiente y cariñoso. Lo conocimos y lo quisimos nada más nacer. Su madre, al principio no quería relacionarse con nosotros. Vivía en nuestro porche, comía la comida que nosotros dejábamos en su comedero y el agua que poníamos en su bebedero, pero nada más. Bueno, daba de mamar y dormía con su gatito en el sofá que habíamos acondicionado para ellos. Pero... ojo, no permitía que atravesáramos la puerta de cristal. Ni siquiera para poner agua o comida. Al menor intento nos bufaba y salía corriendo con su hijo por el agujero, bajaba a la caseta y se escondía.

El pequeñajo se pasaba el tiempo durmiendo. Según dicen quienes saben, en esta etapa los gatitos duermen un 80% de su tiempo. Necesitan mucha tranquilidad y pocos ruidos.

Él nos miraba con curiosidad y se quedaba en el agujero observando hasta que Cata lo empujaba animándolo a esconderse con ella. Miguel y yo respetábamos su decisión. No queríamos presionarla ni imponer nuestra presencia. Teníamos miedo de que un día desapareciera con su cría y no los volviésemos a ver.

Disfrutábamos observándolos a través del cristal. Era muy hermoso contemplar el cariño con el que la madre atendía al hijo y el hijo obedecía a la madre.

En ocasiones, el gatito también nos observaba a nosotros, o eso nos gustaba creer, porque, los primeros días, señalan todos los expertos en gatos, eso es imposible: nacen con los ojos y los oídos cerrados, su primera semana de vida son ciegos y sordos. Se abren durante la segunda semana en la que ya pueden ver y oír de manera rudimentaria. No obstante, yo hubiese jurado que aquel ser diminuto nos miraba, quería venir con nosotros, y no lo hacía por culpa de la madre que se lo impedía.

Para los gatos el contacto social es vital y necesario. Algunos expertos afirman que tener un par de gatos tiene muchas ventajas: cuentan con un compañero de juegos, peleas amistosas, cazan, se acicalan y duermen juntos. Les gusta cotillear, se "educan" y se animan el uno al otro.

Lo sé, lo he comprobado. Es una delicia ver el espectáculo de carreras, saltos y persecuciones, y, por supuesto las manifestaciones de cariño entre ellos: se abrazan, se chupan, se muerden sin hacerse daño...

A nosotros también nos muerden pero sin apretar los dientes, jugando. Es como si quisieran marcar la posición.

Poco a poco todo ha ido mejorando. Madre e hijo, tras la castración, forman un dúo magnífico. A Blacky le gusta jugar: con su madre, con nosotros, con los bichitos que encuentra por el jardín. Sobre todo, le gusta jugar al escondite. Se esconde detrás de un árbol o en alguna esquina de la casa. Asoma pícaramente la cabeza con esos ojazos. Piensa que no lo vemos.

Cata juega a buscarse el rabo. Gira y gira y cuando lo encuentra, lo chupetea, lo muerde, lo vuelve a perder y comienza de nuevo el juego.

Blacky y Cata son libres, entran y salen del porche y del jardín. Pero, si nosotros salimos al jardín ellos aparecen como por arte de magia.

Investigando, hemos descubierto que nuestro Blacky es de la raza Bombay, que procede de Gran Bretaña y Estados Unidos, todas sus características coinciden con la descripción de los expertos: pelo corto, tamaño mediano, inteligente, cariñoso, sociable, equilibrado y activo, con una esperanza de vida de entre doce y dieciséis años, necesita muchos cuidados, puede vivir en el interior o en el exterior. [2] Espero que viva para siempre, con nosotros, feliz, alegre, sano y juguetón.

Lo sabemos, se adapta de maravilla a la vida ajetreada y se lleva bien con todos los miembros de la familia. Es cierto, su carácter es afable, curioso, sociable y cariñoso. No solo lo hemos leído, lo estamos descubriendo cada día en nuestra relación con su madre, con nosotros, con el entorno. Blacky es el hijo que toda madre querría tener.

VERLO CRECER

Blacky no para: es hiperactivo, se interesa por todo, cualquier cosa llama su atención. No le gusta quedarse solo, por eso nuestra compañía y la de su madre es para él lo mejor del mundo. Tan bueno como lo fue Jimmy: cariñoso, cercano, dulce, sociable, confiado. Es un placer acariciarlo, colocarlo en el regazo (él no se sube por decisión propia) y sentir cómo ronronea feliz.

Todos nuestros gatos anteriores fueron siameses y estamos comprobando que existen algunas diferencias significativas en su comportamiento. Cata y Blacky no se suben a nuestro regazo a la primera de cambio, como los otros. Quieren estar cerca, aceptan las caricias y los ro-

---

2 Fuente: World Cat Congress (WCC)

ces. Son más independientes. Creo que Blacky, cualquier día se subirá a mi regazo.

Yo sigo investigando, buscando características, curiosidades. He descubierto que el gato más rico del mundo se llama Blackie y tenía más de 8 millones de euros[3]. Al parecer, cuando su millonario propietario falleció, se negó a reconocer a su familia en el testamento y legó toda su fortuna a su gato. La verdad es que no me resulta incomprensible. Si has convivido con gatos tanto tiempo como nosotros, puedes comprender todas las locuras. Racionalmente me parece una extravagancia, emocionalmente comprendo que el amor a los gatos nos trastorna de tal manera que seríamos capaces de dárselo todo.

Cuando miro a mi Blacky, Blakito, Blakitin (le llamo de todo y todo lo entiende) me emociono y siento su emoción y su alegría por tenerme cerca. Mueve la cola, abre mucho los ojos, siento cómo se agita.

Es verdad que nosotros estábamos acostumbrados a los siameses, también muy cariñosos y más cercanos. A la mínima nos saltaban encima y se colocaban en nuestro regazo. A este le basta con ponerse cerca, tenernos controlados, poder mirarnos y saber que estamos ahí.

Suele salir del jardín y visitar a nuestros vecinos, o

---

3 Según Guinness World Records

pasar al prado que está enfrente de casa, pero si lo llamamos o presiente que estamos en el jardín, viene trotando y contestando todo el camino, anunciando que ha escuchado nuestra llamada y llegará enseguida.

En algún capítulo anterior he comentado que a los gatos (sobre todo si son negros) los han relacionado con la brujería, con el demonio, con la mala suerte. Sin embargo, en algunas culturas piensan todo lo contrario: creen que los gatos negros traen buena suerte. Por su parecido con la diosa-gato Bastet fueron honrados en el antiguo Egipto. En Escocia y Japón, se cree que representan la prosperidad. No puedo asegurar ni desmentir ni lo uno ni lo otro. Solo sé que estar cerca de ellos me alegra la cara, me emociona, me hace sentir bien, ¿cómo pedir más? Solo deseo que pueda estar muchos años con nosotros, que no le pase nada malo, que tenga mucha salud y sepa que lo queremos de verdad. Yo, por si acaso, aunque parezca mentira, se lo digo siempre que estoy con él.

Mi gatito querido, tú no te preocupes, que nosotros te vamos a cuidar siempre. Sabes que te queremos mucho y más. Como dicen los millennials, no quererte sería "lo puto peor".

Seguro que este gatito precioso, es capaz -como afirman los expertos- de elaborar sus propios mapas mentales, una representación del lugar en el que estamos Miguel, Cata y yo. Blacky tiene, como afirman los expertos, una parte de su mente para escuchar, percibir pistas y elaborar un seguimiento continuo de la localización de los seres vivos que hay a su alrededor. Un estudio de científicos japoneses ha demostrado que esta cualidad, a la que se denomina "cognición socioespacial", no solo reside en animales cazadores salvajes, sino que permanece innata en los gatos domésticos.

Nos controla, por supuesto. Y solo puedo decir una cosa: prefiero que me controle mi gatito querido que todas esas cámaras, de las que no sé nada: ni quién está detrás, con qué fines, ¿es eso legal?

Nuestro pequeño felino, nuestra panterita macho, tiene capacidades que nosotros no podemos ni soñar. Me alegra que esa maravillosa criatura me tenga en su radar, en su mapa vital, en su mirada. Yo también lo tengo a él en mi mente y en mi corazón.

POSTURITAS

Blacky ha crecido mucho en poco tiempo. Tiene un pelo negro precioso, suave, muy pegado al cuerpo. Últimamente su pelaje va adquiriendo un tono marrón oscuro. Cuando se estira puede llegar a medir un metro. Dormido se alarga, se retuerce, cambia de posición. La cola es enorme: blanda cuando está relajada y rígida cuando la coloca enhiesta.

Su flexibilidad es asombrosa.

Nunca había visto nada igual. Un buen día, Blacky se puso a hacer posturitas. ¡Impresionante! ¡Tenemos un gato contorsionista! Me pareció único. No podía haber ningún gatito que fuese capaz de hacer algo parecido. Ese gatito era alucinante.

Como siempre, me puse a investigar. Al principio no encontré nada igual. Las imágenes de gatos negros, raza Bombay, eran normales. No pude encontrar a ningún gato negro haciendo el tipo de contorsiones que hace Blacky.

Unos días más tarde, Miguel me envió un link a una página en la que había un gatito de la misma raza que el nuestro, con algunas fotos (no muchas) en posturitas parecidas a las que suele practicar nuestro negrito. Un poco parecido, sí, pero ni mucho menos igual. El nuestro es completamente sorprendente: no para de realizar figuras con su cuerpo.

Forma siluetas muy hermosas. Tenemos cientos de fotografías que lo demuestran. Él no coloca su anatomía en círculo para dormir (bueno, en ocasiones, sí) retuerce la cabeza, pone una parte del cuerpo mirando para un lado y la otra para el opuesto. Deja colgando la cabeza. Aposenta el trasero en un agujerito y el resto estirado en otro lugar. Verlo es todo un espectáculo de circo.

En ocasiones, Miguel y yo nos sentamos en las escaleras que bajan al jardín y disfrutamos de la función que nos brindan madre e hijo: sus demostraciones de cariño, sus peleas, su momento de aseo personal, sus carreras por el césped, la persecución de mariposillas, moscas y todo tipo de insectos.

Se acercan a nosotros pidiendo cariño, se entregan tirándose al suelo, haciendo la croqueta, moviendo las manitas como amasando.

Nosotros correspondemos acariciándoles la tripita y todo el cuerpo, Cata no se deja coger en brazos, pero Blacky sí. Yo aprovecho, lo cojo, lo coloco sobre mis rodillas y lo acaricio. Él se deja, ronronea, me mira, abre y cierra los ojos. Permanece sobre mí solo algunos minutos, luego quiere seguir jugando, persiguiendo a su madre o a una mariposa, corriendo de acá para allá, introduciéndose en la intrincada selva que para él son todas las plantas que rodean el minúsculo estanque: iris, lechugas de agua, gencianas... Allí, en el corazón de su Serengueti gatuno particular, suele pasar mucho tiempo, a la sombra, en una mullida cama que forman las hojas caídas.

En el verano es un lugar fresquito, con agua justo al lado; en el invierno es un espacio protegido de las lluvias (si no son muy fuertes) de los pájaros y de cualquier circunstancia adversa.

Además de Cata y Blacky, hay una gatita blanca y negra, a la que llamamos Blanquita, que nos visita con frecuencia por la puerta de entrada a nuestra casa. Cada día suele acompañar a dos mujeres mayores: Angela y Carmen. Ella va unos pasos detrás. Si ellas se paran, ella también. Espera. Nos gusta hablar con ellas, preguntarles por sus múltiples dolencias, comentar los últimos sucesos de los gatitos que merodean por nuestras casas. Angelines pone comida a varios gatos del entorno. Dice que hay quien les pone veneno, y quien los asusta para intentar conseguir que no vuelvan. Somos almas gemelas en lo tocante a gatos.

Blanquita conoce a Miguel, y reconoce su coche. Cuando lo ve, viene corriendo a la puerta del garaje, espera comida y cariño. Tiene un timbre de voz infantil, es cariñosa (se deja coger) y nada esquiva.

No la metemos en nuestra casa, o en nuestro jardín, porque según Angelines, lo suyo es recorrer todas las casas, buscando cariño y comida. Y lo encuentra: está sobrealimentada y tiene una barriguita que es barrigona. Se lo sabe todo.

ZASCANDIL

Los gatos delimitan su territorio impregnando los espacios con sus feromonas y su orina. Esto funciona como una especie de "semáforo" que indica a otros congéneres dónde se están metiendo y establece un nivel de jerarquías, de manera que, si se encuentran dos individuos en un lugar, el nivel jerárquico que posee cada uno indica la prioridad de paso, de manera que el de menor nivel deja el paso al de mayor nivel. Es como si existieran líneas invisibles para nosotros en el espacio que transitan que ellos reconocen y respetan y que les indican la ruta a seguir dependiendo de su autoridad territorial.

Cuando tienen toda la información de algo, de alguien, de lo que sucede a su alrededor, se tranquilizan. Por ejemplo, nuestros gatitos ya no miran al cielo cuando sienten el ruido de un avión. Saben que es más de lo mismo. Conocen las horas a las que pasan. Solo miran al cielo si, de pronto, pasa una avioneta que no tenían controlada.

A Blacky le encanta zascandilear. Es joven, tiene mucha energía y la desgasta correteando por aquí y por allá. A veces no tiene suficiente con el jardín y se escapa. No necesita tener un agujero en la verja (de tela metálica y seto), ella puede trepar por los troncos más gorditos del cercado, subir a una altura de dos metros y medio y saltar a la otra parte para correr al campo de enfrente, que tiene solo hierba, y por el que pasan y se paran a comer diferentes tipos de aves que están en proceso de migración.

Hemos descubierto que allí se pasa horas, dormido, despierto, acurrucado o en posición de caza. De todas formas, cuando siente algún ruido en nuestro jardín, o descubre que nosotros estamos allí, sentados en las sillas, leyendo o hablando, viene a nuestro encuentro.

En una ocasión, lo vimos en el prado de enfrente, desde la terraza del primer piso de nuestra casa. Él nos vio a nosotros, le llamamos sin subir apenas la voz, y él comenzó a venir a nuestro encuentro trotando. Eso sí, se paró antes de cruzar el camino que separa los dos lugares. Nos extrañó. Descubrimos enseguida por qué se había parado: vimos pasar un coche. Luego, siguió caminando, desanduvo el camino, atravesó la verja y el seto y tardó menos que nosotros en bajar al jardín para ir a recibir al campeón.

Verlo trotar, literalmente, atravesando el jardín para ir a nuestro encuentro, fue absolutamente sorprendente.

Ahora sabemos que los gatos, y Blacky lo tiene en grado sumo, están dotados de una significativa *cognición socioespacial.* Aunque no lo parezca siempre están prevenidos ante cualquier movimiento o sonido extraño.

Puede parecer que están relajados, que no te prestan atención, pero su mente está tomando buena nota del lugar en el que están todos los miembros de la casa (Miguel y yo) y de Cata. Por eso, cuando intentas sorprenderle, él nunca parece extrañarse. Para esta labor, su oído es fundamental. Con él logra afinar su comprensión sonora hasta límites increíbles para nosotros, simples humanos. Son capaces de reconocer quién produce un ruido (golpes, pasos, palabras, manipulación de objetos...) y también pueden utilizar estos datos sonoros, para reconocer en qué punto exacto de la estancia se encuentra una persona o un animal en cuestión, aunque el propio gato no esté presente y lo haga a través de los muros.[4]

Estas capacidades las tienen los felinos de forma innata, les sirven para atrapar a sus presas. Son capaces de conocer la posición exacta, si están solas o acompañadas, si son o no vulnerables, si van a poder pillarlas por sorpresa o no.

Sabemos que los bebés humanos tienen habilidades muy similares, desde los ocho meses de edad: mapear el espacio buscando a sus padres. Y esta cualidad es común también a los chimpancés y gorilas. Es posible que

---

4 La científica Saho Takagi de la Universidad de Kyoto analizó el comportamiento de más de 50 gatos domésticos.

de adultos perdamos estas capacidades. Al menos yo no las tengo ¿y tú?

A DÓNDE VAN NUESTROS GATOS

Sabemos que, a Cata, si no está en casa, le gusta pasar al jardín de la vecina. Y sabemos que, a Blacky, le encanta ir a cazar al prado de enfrente. Pero... ¿a dónde van, en general, los gatos? ¿A dónde podrían ir nuestros gatitos cuando no están controlados? ¿Saben volver?

Como siempre, me puse a investigar, y descubrí el estudio realizado dentro del proyecto «Cat Tracker» en el que se revelan los movimientos de 900 gatos domésticos.[5] Me llamó la atención saber que este tema ya se había abordado en otros estudios hace muchos años. En algunos casos, siguiendo a los gatos a pie (no les arriendo las ganancias, menudo trabajazo), en otros, colocando transmisores por radio en los collares de los michinos. En el estudio actual, los investigadores colocaron dispositivos GPS a casi mil gatos, en cuatro países, durante una semana.

Las conclusiones son esperanzadoras, para quienes tenemos gatos cerca. Aquí dejo algunas:

---

5 Los resultados fueron publicados en la revista Animal Conservation, y en National Geographic.

La mayoría de los gatos prefieren estar en casa.

No les gusta moverse demasiado.

Roland Kays, investigador principal, del Museo de Ciencias Naturales de Carolina del Norte, afirmó: *Me sorprendió lo poco que se movían estos gatos. La mayoría pasaba todo el tiempo a 100 metros de su jardín.*

Michael Cove, experto en gatos del Instituto de Biología de Conservación del Smithsonian, dijo que el estudio *era todo un logro*: "*No conozco ningún estudio que haya examinado la ecología espacial de tantos gatos caseros individuales ni de ninguna especie doméstica, de hecho*".

Ahora sé que los gatos tienen 19 millones de terminaciones nerviosas receptoras de olores en la nariz, ¡casi cuatro veces más que los humanos! Por eso y por el resto de sus cualidades felinas, es difícil que un gato se pierda. Normalmente, es capaz de volver a casa tras una escapada de varios días.

A pesar de todo, cuando Blacky se marcha del jardín, estoy preocupada hasta que vuelve. Sé que sabrá regresar, pero ahí fuera está expuesto a multitud de riesgos: accidentes, peleas, parásitos, enfermedades... Menos mal que está vacunado, esterilizado e identificado con el chip que le puso la veterinaria.

Cuando regresa a casa después de una escapada

(normalmente corta o poco más larga, nunca más de un día), le damos algunas recompensas de cariño, juego, alimentos que le gustan.

Blacky suele actuar como gato dominante solo en el momento de la comida. Si suena la musiquilla del dispensador, que dice: *Cata, Blacky, comidita,* tal aviso actúa sobre él como un resorte y corre a comer, tiene que llegar el primero. Sí Cata ya está allí, la empuja hasta que consigue quedarse solo en el comedero. Luego, cuando él ha comido, deja que se acerque su madre a comer. Ella lo acepta bien. A veces comen juntos. Esos momentos me parecen muy hermosos.

Nos resulta curioso ver su egoísmo a la hora de comer, sobre todo porque, normalmente, es un gatito bueno, generoso, que quiere a su madre. Los dos duermen muchas veces unidos.

Es cierto que a medida que el hijo va creciendo, se va separando más de la madre. Es muy juguetón y en el jardín quiere jugar con ella a las peleas. Cata no siempre quiere y se lo hace saber a través de bufidos y cachetes con la mano, sin uñas, por supuesto. Los dos han aprendido a relacionarse así, sin sacar las uñas ni utilizar los dientes, también con nosotros. Eso es estupendo. No tenemos que preocuparnos por arañazos y mordeduras.

De los siete gatos de nuestra vida, estos dos son los

más libres, los que salen por la noche, los que se alejan del jardín, los que son capaces de vivir sin nosotros y, sin embargo, han elegido buscar nuestra compañía cuando les apetece. No puedo negar que, es más duro convivir con un felino libre, que tenerlo en cautividad, en casa, siempre en casa, a nuestra disposición. Tal vez esta sea la mejor manera de disfrutar de su compañía.

EL BELLO DURMIENTE

Lo sé, y vosotros también porque lo he dicho muchas veces, los gatos se pasan la vida durmiendo. Duermen mucho, muchísimo. Blacky no es una excepción: duerme a pierna suelta, de cualquier manera, en posturas imposible, en lugares diferentes, con la cabeza colgando del cuerpo, retorcido, tieso, hecho una bola. No tiene ningún problema para dormir.

En ocasiones, he entrado a verlo mientras dormía. Al sentirme, ha abierto los ojos, ha pronunciado un pequeño maullido de saludo y ha seguido durmiendo mientras lo acariciaba, lo besaba, lo tomaba en brazos.

En eso no se parece a su madre. Cata se despierta con el ruido de una mosca. Tiene un sueño muy ligero, se asusta fácilmente. Si entro a verla mientras duerme, se despierta, se altera, se sube al respaldo del sofá. No rechaza las caricias, posa su cabeza sobre mi mano, disfruta del cariño, pero está alerta. Cualquier ruido fuera de lo normal la asusta y se escapa por el agujero. Es muy miedosa.

Blacky no le tiene miedo a nada. Es tranquilo y confiado con nosotros. Lo conocemos desde que nació y él a nosotros también. Sabe que nunca le hemos hecho daño, todo lo contrario, siempre le hemos dado nuestro cariño, el alimento, la bebida, un lugar cómodo para estar. ¿Qué más puede pedir?

Es un gatito de ritos y costumbres. Cuando sale al jardín siempre se dirige a los mismos lugares. Va por el camino de piedras, y en él tiene tres piedras más grandes en las que le gusta descansar, asearse, tumbarse...

También en el seto tiene tres lugares preferidos, que cambia en función del sol, la sombra, la luz. En los macizos de flores y plantas, debajo de un par de árboles y al lado de un pequeño estanque, tiene algunos escondites en los que duerme y disfruta de su propia compañía mientras duerme, protegido y feliz. Tiene un lugar magnífico para dormir, en el césped, debajo de una silla blanca. En ocasiones pasa días enteros en ese mismo lugar.

Miguel y yo pensamos que esos lugares protegidos son para ellos (a Cata también le gustan) muy necesarios para dormir sin preocupaciones. Deben temer que alguna de las aves enormes que atraviesan por el jardín, caigan sobre ellos y les hagan daño. Por ejemplo: halcones. Puede ser. Por nuestro jardín pasan migraciones de aves. Hemos visto halcones en más de una ocasión. Deben tenerles miedo.

Claro que de nuestros gatos deberían escapar otros pájaros. Lo sé, los he visto cazándolos en pleno vuelo. Y ante eso no podemos hacer nada de nada. Es su naturaleza.

Blacky sigue su propia rutina cuando anda por el jardín, diferente cuando va desde casa al fondo del jardín que cuando hace el recorrido inverso. Para ir va por el camino de piedras, cuando regresa no utiliza ese camino sino que da la vuelta a todo el jardín pegado a la tapia de la vecina, pasa detrás de los árboles, lo observa todo, por si se ha producido algún cambio, y no llega a la puerta de entrada al porche hasta que no lo ha investigado todo.

No importa las veces que salga al jardín, su recorrido no varía. Cambia solo el lugar en el que descansar, dormir o investigar.

Le encanta jugar con su madre. Si la ve tumbada en el césped, se coloca a cierta distancia de ella, se tumba en actitud de caza (agazapado) y a trote la embiste. Ella, dependiendo de su humor, juega con él o lo rechaza.

Hay veces que, cuando Blacky está en el jardín y entra

Cata, esta se dirige a su encuentro y le chupa la cabeza, él la abraza y ella se va. Los dos siguen a su tarea, que, en esas ocasiones, suele ser acicalarse.

Dormir, despertar, jugar, comer, beber, salir, entrar, disfrutar de nuestro cariño y nosotros del suyo, aprender a convivir, entender las necesidades de cada cual, esperar, disfrutar, compartir. La vida puede ser maravillosa cuando dos gatitos, madre e hijo, se cruzan en nuestra existencia.

ESTO SE ACERCA MUCHO A LA FELICIDAD

Los gatos no necesitan un chip cerebral para controlar todo a su alrededor, lo tienen incorporado a su ADN; no necesitarán que se les implante uno, por muy fácil que sea. Según dicen, con solo tragarse una pastilla que se dirige a la cabeza allí anidará ese chip que, puede ayudar al cerebro a ordenar que se muevan las extremidades paralizadas. Si fuese mal pensada, pensaría que a través de esos chips intentarán controlarnos más aún de lo que nos controlan los gatos. Los filósofos especialistas en neuroética que trabajan para la UNESCO andan preocupados por el tema. La Comisión Europea ha lanzado una directiva para controlar el desmadre de la inteligencia artificial. Todos los investigadores están analizando a los gatos y a los seres humanos.

Nosotros, mientras tanto, estamos disfrutando del control y la belleza de nuestros felinos. El dispensador de comida que tienen lleva una pequeña cámara, a través de la cual, estemos donde estemos, podemos ver en tiempo real a nuestros gatitos, saber si duermen o despiertan, si comen o beben, si están o no en el porche. El dispensador de comida ha marcado su ritmo y a las horas en las que lanza el manjar gatuno, ellos están ahí, sobre todo Blacky que es un comilón de libro. No sé cómo lo hace porque no deja de comer y está delgadito y guapetón. Claro que su receta ya me la sé yo: comer sí, pero también hacer ejercicio, no parar, ir de un lado para otro, quemar calorías.

Este gatito es la belleza en estado puro. Estamos alucinando con él: cuando lo llamamos viene y por el camino va anunciando que está al caer: maúlla y su maullido lo anuncia. A medida que se acerca, modula su voz y el sonido es más intenso y claro. Nunca había visto nada igual.

Es cierto que come mucho, comería a todas horas si le diésemos comida. Menos mal que la tenemos regulada. Sin embargo, si tiene que elegir entre comer y recibir nuestras caricias, lo tiene claro: nos elige a nosotros.

En ocasiones, entramos en el porche y él está comenzando a comer, cuando ve que entramos, deja el opíparo manjar y se tumba en el sofá, junto a nosotros, esperando los besos, las caricias, las palabras dulces que le dedicamos. Se pone boca arriba para que podemos acariciar su tripita, se revuelve, entorna los ojos y mueve la larga cola, doblando la punta en forma circular. Ronronea y disfruta del placer de nuestra compañía tanto como nosotros de la suya.

Sí, es evidente que siente placer. Lo hemos comprobado una y otra vez. Cada mañana, al levantarnos, lo primero que hacemos, Miguel y yo, es ir a visitar a nuestros gatitos. Si no están, tardan muy poco en aparecer buscando cariño y comida, en ese orden.

Estos gatitos aún no entran en casa, pero entrarán no tardando mucho. Creemos que ya están preparados para realizar una vida en familia y nosotros más aún.

Cada día, pasamos con ellos muchos momentos en su casa (el porche preparado como su hogar). Al menos nueve veces: nada más levantarnos, antes y después de desayunar, a media mañana, antes y después de comer, a media tarde, antes y después de cenar. Y siempre, siempre, siempre, las visitas ponen una sonrisa en nuestra cara y una inmensa alegría en nuestros corazones. Libera nuestras mentes de las malas noticias que el telediario escupe a todas horas, nos propone pensamientos felices y comprendemos que la vida con los gatitos se acerca mucho a la felicidad.

Blacky y Cata, Cata y Blacky, distintos, felices, sorprendentes, misteriosos, pero cariñosos, que han decidido quedarse aquí, a nuestro lado, vivir su vida sin alejarse mucho de la nuestra. Practicar su libertad, respetando la nuestra, pero dejando su impronta en cada día, en cada hora, en cada instante. Si no estamos con ellos los llevamos en el pensamiento.

Debo confesar que no entiendo la vida sin tener a uno de mis gatitos cerca. Con ellos somos muy felices. Es una pena que el mundo no esté regido por el espíritu gatuno: las guerras serían juegos, la belleza una experiencia cotidiana, el amor vida y la vida ese lugar en el que el encuentro con los demás es muy hermoso.

EPÍLOGO

Los gatos nos enseñan que perseguir un sentido es como buscar la felicidad: una distracción. El sentido de la vida es una sensación táctil o un olor que llega por casualidad y, antes de que te hayas dado cuenta, ya se ha ido.
(John Gray, *Filosofía felina*)

Para redactar este último apartado del libro, he pedido a Miguel, mi compañero del alma y del cuerpo, que me cuente cómo ha sido su relación con los gatos. Y aunque lo suyo es el arte, siempre he pensado que no es escritor porque no quiere.

En la vida y en su relación conmigo, además de amor incondicional, me ofrece siempre sabiduría y humor, a veces sarcástico, otras emotivo. No podría vivir sin él. En los momentos difíciles saca su varita mágica (la palabra oportuna en el momento adecuado) y con ella es capaz de disolver las nubes y colocar un sol brillante ante mis ojos.

Y, como no podría ser de otra manera, su texto me ha parecido genial. Aquí lo tenéis:

Desde que era muy pequeño me recuerdo con algún gato a mi alcance. La casa baja en la que vivíamos tenía un patio donde convivían patos, alguna gallina y gatos. Entonces no había Netflix y tirarles del rabo era una diversión sencilla y barata. Los arañazos eran el precio de la suscripción. Asumible. En aquella época eran gatos de posguerra más bien flacos, huidizos, sin raza conocida. Estaban medio asilvestrados, no sabíamos que tuvieran parásitos, no les dábamos comidas especiales y desde luego nunca conocieron ningún veterinario. Desaparecían por las tapias y aparecían cuando querían. Un buen día dejaba uno de verlos y, poco tiempo después, aparecía otro recogiendo el testigo. Eran gatos de la infancia, funcionales, libres, en aquellos años del desarrollismo en los que se postulaban por convertirse en mascotas que era la aristocracia gatuna de los barrios de gente bien. Siempre recuerdo una gata en especial a la que llamábamos Monina por su gracia y desparpajo que demostraba el GPS incorporado (que aún no se había inventado y entonces se llamaba un sexto sentido) que tienen los gatos cuando por la noche mi hermano volvía a casa y ella salía a encontrarse con él y nosotros sabíamos que él ya estaba cerca. Con la especulación inmobiliaria, llegaron con sus excavadoras y arrasaron aquella manzana de hotelitos con jardín, desaparecieron los gatos y en un pispás borraron mi infancia. Muchos años más tarde (como una especie de segunda temporada) cuando fuimos a vivir *de nuevo a una casa con jardín, apareció una gata que llamamos Andrea. Recordar varias décadas después la emoción que producía convivir con ella es posible gracias a los buenos recuerdos que nos dejó aquella encantadora siamesa. Desde entonces han pasado más de treinta años y hemos compartido nuestra casa con siete vidas gatunas diferentes, hemos aprendido a saber cómo nos ven, cómo nos sienten, cómo se confían. Nosotros los aceptamos como son, los entendemos, y aunque aún nos queda mucho que aprender, parece que progresamos adecuadamente. Ellos lo saben y gracias a esa sabiduría disfrutamos de su infinita paciencia.*

Le he pedido también a nuestro hijo, Gustavo, que escriba un pequeño texto en el que cuente cómo nos ve a nosotros, sus padres, en relación con los gatos. Yo creo que ha heredado una punta de humor y una sabiduría única en relación con la cultura. Es el hombre orquesta.

De inmediato me llamó y dijo, ya lo tengo, mira:

Mis padres son pequeños, peludos, suaves; tan blandos por fuera, que se diría que son de algodón...

Y se echó a reír. Yo también, claro. Y contesté:

¿Juan Ramón Jiménez?, ¿no me digas que comparas a tus padres con Platero, ese hermoso burrito?

No, nuestro hijo no tiene 10 años, ni 20, ni 30, tiene más de 50. Es artista, profesor de música, de teatro y muchas cosas más. Mantiene esa oreja verde de la que hablaba Rodari, y siempre está ahí cuando se le necesita.

Este es el texto que me ha enviado, tal cual:

Mi madre y mi padre son pacientes. Tanto como para ser capaces de domar gatos con la mirada. Tan pacientes como para aprender el idioma gatuno y diferenciar entre un maullido simple y uno de reproche. Son los padres que susurran a los gatos. Con el tiempo han sabido leer los gestos y movimientos de sus queridos amigos felinos. A pesar de que podrían escribir una enciclopedia al respecto siguen aprendiendo e investigando para asombrarse con la esencia gatuna. Tal vez por ello han pasado de ser dueños de una gata, o de los hijos de esa misma gata, a ser escogidos por otros gatos para formar familia. Como si fuera un cuento en el que, entre ronroneos, los mininos saben del secreto que se esconde en esa casa, en la de Nieves y Miguel, donde los gatos (miau) son cuidados y comprendidos. Donde se les alimenta (¡remiau!) y sobre todo se les quiere. No se vayan a pensar que se trata de una locura, de dos seres huraños rodeados de areneros, sino más bien de la historia de amor infinita que, en su exceso, los ha llevado a repartirlo sin medida: la única forma en que se puede repartir el cariño. Sé de lo que hablo, pues yo siempre tengo mi ración. Y ellos, los afortunados "mizufús", la suya. "Ahí están, mirando a sus mascotas, viendo cómo los miran, acercándose poco a poco, dejándose querer". Ya se habrán dado cuenta de que esto último quién lo dice es uno de ellos: uno de los gatos pacientes que susurran a mis padres.

Y qué queréis que os diga: estoy emocionada. Escribir este libro ha resultado catártico, dulce, alegre, honesto, verdadero. La emoción forma parte de mi vida desde que conozco a Miguel, a Gustavo, a María, a Esther, a Emilio, mi familia humana. Y, de una forma diferente, pero muy hermosa, desde que conviví con Andrea, Jhonny, Currita, Jimmy, Patitas, y ahora convivo con Cata y Blacky. Gracias a ellos, humanos y felinos, a veces, soy muy feliz. Solo puedo decir, con Mercedes Sosa: *gracias a la vida que me ha dado tanto...*

DECLARACIÓN DE EMOCIONES

Yo amo a los gatitos, los comprendo,
soy feliz a su lado pues sonrío
así, sin darme cuenta, como un río
que fluye sin saber lo que está haciendo.

Tengo gatos, y... si los estoy viendo
se me ablanda la voz y desvarío:
los hablo, los pregunto. En mi extravío
creo que son personas, los atiendo.

Cuando me ven, ellos también sonríen,
me acarician sin uñas, ronronean,
me mochan y me chupan. Me emociono.

Hoy les pedí que por favor amplíen
su familia, me adopten y me vean
como una gata más que evoluciona.

Su mundo me obsesiona:
huir de la maldad y de la pena,
vivir y disfrutar. Ése es su lema.

VIAJE INICIÁTICO

Viajemos a las nubes cada día.
Comencemos a ser los cosmonautas
que dejan de seguir las tristes pautas
en las que se diluye la alegría.

Busquemos el candado que abriría
el dulce resplandor: las almas cautas
que bailan su canción, tocan las flautas
y enciende la verdad que es, y sería

el mejor alquitrán para los sueños,
la apasionada luz de la mañana
y el silencio estruendoso de una flor.

Volvamos a empezar, seamos dueños
del temblor de esa lluvia en la ventana
que preludia las mieles del amor.

Busquemos el color
que tienen los gatitos: sus dorados;
los versos que están siempre enamorados.

Gracias Javier, gracias Misha, por este regalo. Y aquí me quedo, convertida en gatita. Quiero seguir nadando entre las olas de esta intranquilidad contagiosa que inventa el sonido del invierno a pleno sol.

ÁLBUM FELINO

1

2

3

4

5

6

7

8

10

11

13

14

16

17

18

19

20

21

1. Andrea caminando por las alturas
2. Andrea dando de mamar a sus 3 bebés
3. Andrea
4. Los trillizos: Johnny, Currita y Jimmy
5. Johnny preguntando ¿qué me pasa?
6. Johnny
7. Los ojos inconfundibles de Currita
8. Los hijos de Currita merendando
9. Currita
10. La mirada de bondad de Jimmy
11. Mi nieta María paseando a su bebé: Jimmy
12. Jimmy
13. Patitas revisando la sección de economía del periódico
14. Patitas custodiando el álbum de fotos de María
15. Patitas
16. Cata en el jardín
17. Cata con sus pequeñines
18. Cata
19. Los preciosos ojos de Blacky
20. Blacky artista y contorsionista
21. Blacky

Los visitantes:
22. La Blanqui se rechupetea tras comer
23. El Gordi en el sofá del porche

Fotos tomadas por Miguel Ángel García los últimos 30 años.